小林一三の知的冒険

宝塚歌劇を生み出した男

伊井春樹

Ii Haruki

本阿弥書店

目次

装幀　髙林昭太

小林一三の知的冒険

――宝塚歌劇を生み出した男

伊井春樹

一　韮崎小学校から成器舎へ

1　祖母の形見の青い毛布

小林一三が故郷の山梨県韮崎《にらさき》から東京へ向かったのは十五歳になったばかりの一月十日、当時の日記によると実家を出立して新年のあいさつがてら巨摩《こま》郡竜王村を訪れ、同夜は高柳君と桜町の三井屋に宿泊したとする。竜王村は現在の甲斐市、桜町は甲府市である。一三の父甚八は竜王村丹沢六良衛門正綱の次男、小林家に婿養子となっていたが、妻菊野の早逝によって離縁となり、実家に戻った後田辺家へ婿入りし、名前を七兵衛と改めている。やや複雑な家庭環境から新しい土地へと向かう小林少年の心には、不安と自立しなければならないとの思いが綯《な》い交ぜになっていたに違いなく、この後は時代の激変とともに八十四年の生涯をまさに駆け続けるのだが、旅立ちは知的冒険を発揮していく始まりでもあった。

小林一三が生まれたのは明治六年一月三日、母菊野はその年の八月二十二日に二十二歳の若さで亡くなった。小林家は布屋と号した地元の豪商（酒と絹の問屋）、祖父小平治は菊野が十六の慶応二

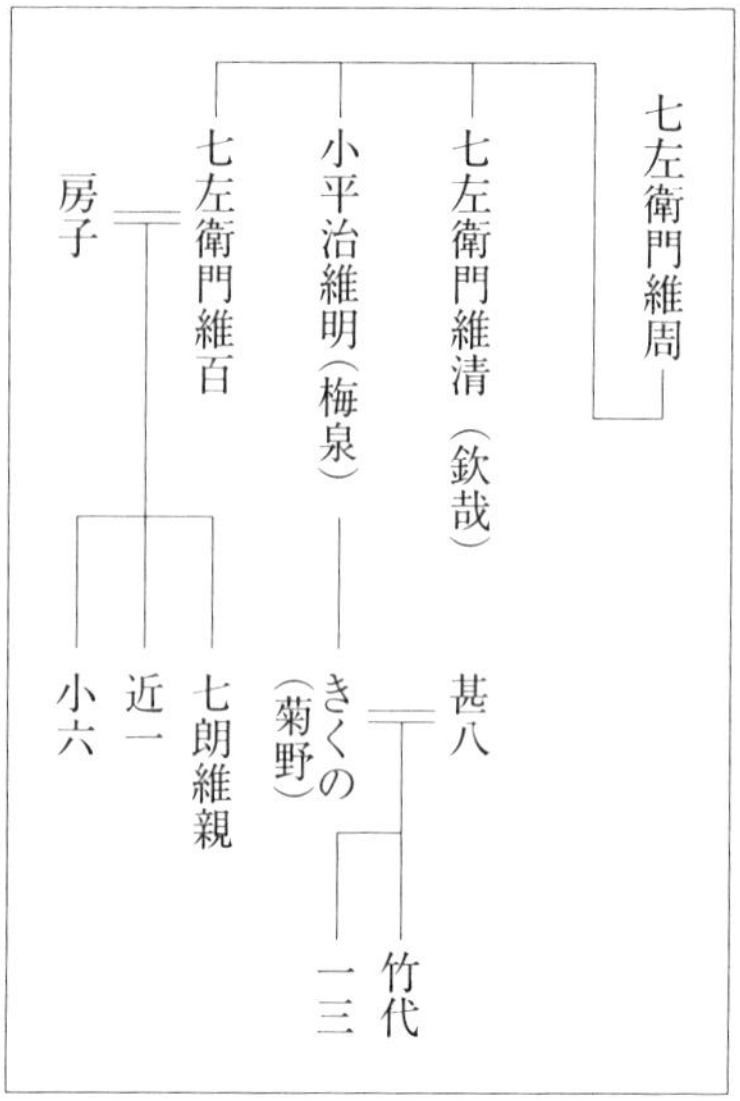

関係系図

年七月に四十四歳で逝去、祖母はそれよりも四年前の文久二年に亡くなるというはかない運命の一族であった。家を継いだのは祖父の弟七左衛門維百、妻の房子は竜王村の丹沢家の出身、一三父の甚八の叔母という関係にある。三つ年上の姉竹代と赤子の一三は、四男二女を持つ維百・房子夫妻に引き取られて育つことになる。そこの子供たちは父と呼び、母と呼びながら、自分達は「おじいやん」「おばアん」のことばを使っていた。長男が結婚して長女が生まれ、四つか五つの年下だったが、その子が自分を「兄やん、兄やん」と呼ぶため、すっかり実の妹と思っていた。長じるに及び、その子が「祖母は私の祖母だ、兄やんのおばアんじゃないよ」と言われ、不審に思って過ごしてきたこれまでの歳月ながら、あらためて自分は居候の身だと認識する。ただ、祖母ではない房子からは、実の孫のようにかわいがられた。

　小林一三にとって、母の思い出がない。幼いころから母が恋しく、独り身になっても床の中で思わず「お母さん」と大きな声で叫んだことがあったという。それに対して父については語ることはなく、ただ田辺家に養子に入って生まれた義理の弟達とは、公私ともに終生の交流が続く。そのような生い立ちだけに、祖母にあたる房子はかけがえのない存在であった。

　これまで育ってきた本家を一月十日に離れ、笹子峠、小仏峠を越え、八王子を経て、神田橋、淡路町に着いたのは三日後の一月十三日、その夜は「錦町一丁目十番地の高柳君下宿に泊」と、高柳君との二人連れの三泊四日の旅であった。それからすでに二十五年、小林一三は四十歳の大正二年を迎え、三年前に箕面有馬電気軌道株式会社は宝塚線の開通、箕面動物園も開き、翌年には宝塚新温泉の営業を始めるなど企業人としての活動を本格化する。この年の七月には宝塚唱歌隊を組織し、大正三年四月から新温泉のパラダイスで宝塚少女歌劇の公演をするという、将来の展望を夢見る意気軒昂としたときでもある。韮崎を離れた同じ一月のある土曜日の朝、押し入れを掃除して出てきた夜具の色褪せた青い毛布が、縁側に干されて朝日に照らされているのを目にした小林は、妻のコウに次のようにことばをかける。

「大事にしな、その毛布が我家《うち》では一番古《ふる》い由来《ゆわれ》があるのだから」

一三はすでに五人の子を持つ父親、両親のいない自分がこの家では年長者とはいえ、同じように古いのはこの青い毛布だと、かつて韮崎を出立した日から学生時代、それに今なお長年の世話になっている品だと回想する。

「こうしたら楽《らく》だ、そちらへお向《む》き」

とお婆さんは毛布を二つ折にして、帯の下に結《しめ》て居つた黄八反の細紐を解《とい》て中央《まんなか》へ通して、後部《うしろ》から自分の首に巻付《まきつけ》て呉《く》れた。合羽《かっぱ》のやうに羽織《はを》つて布呂敷包を下《さげ》た自分の眼には涙が一杯でほろ〳〵とこぼれる。

店先に停まった馬車に乗り込み、不安な思いをしながらうずくまるように座っていた自分に、祖母は急いで屋敷の奥から持ってきたのであろうか、毛布を手にして首から巻き付けてくれた。一月という山峡の韮崎、寒そうにする姿を目にした祖母は、人々をかきわけるようにして毛布をかけ、おだやかなまなざしで見送ってくれる。「少年が初旅の門出を見送つて呉《くれ》た大勢の中て、お婆さんの泣顔だけが能く見えた。自分の現在《いま》の境遇から一番深く思出すのはこのお婆さんである」と、互いに泣きながら別れた光景がまざまざと浮かんでくる。「自分はこのお婆さんに生育《そだて》られたのである。お婆さんは実に神様のやうなお方であつた」と、神様とも思う祖母との二十五年昔の別離である。

「気をつけてお出《いで》よ」と声をかけた祖母の声を背にしながら、馬車は街道を駆けて行く。首のまわりの毛布の暖かさ、もの心ついたときから育ててくれた祖母のぬくもりでもある。住み慣れた家を離れて行く馬車、「七里岩の鐘突堂《かねつきどう》の時刻《とき》の鐘が八ツ岳おろしの寒い凍るやうな風の中を、たつた一つなつた余音の無い破鐘《やれがね》を見上げると、曇れる空に吹雪が舞つて来た」と、小林は感慨深い思いに耽る。現在は七里岩ラインと呼ばれる道路、そこに八ヶ岳からの凍るような冷たい吹雪まじりの風が馬車をめざすように吹き降ろし、折しも時を知らせる鐘の音が寂しく響いてくる。『曾根崎心中』の道行、「暁の、七つの時が六つ鳴りて、残る一つが今生《こんじやう》の、鐘の響の聞き納め、寂滅為楽と響くなり」を意図しているのであろうが、十五の少年がこのような浄瑠璃を連想するはずはなく、二十五年後の現在からの描写で、そこには小説的な人物設定として描こうとする。タイトルのない中途で筆を擱《お》いた未発表の原稿にこのように書かれている。

2　士族のブリキヤ校長

小林一三が公立小学校韮崎学校に入学したのは、明治十一年の五歳の年であった。まだ江戸の名残を留める寺院の蔵前院が学び舎、明治十四年に現在の敷地に移転し、明治十八年十二月十六日に十二歳で高等小学校の卒業となる。十ばかりの頃というので、高等科にいた頃であろうか、「今度代ってござる校長先生は士族だよ」という話題を聞いた小林は、「くだらねえ校長がくるこんだなア」とあきれ返ったという（『私の行き方』）。当時の小学校は初等、中等、高等の三段階からなっていた。

韮崎小学校は明治六年三月に霊岸寺の仮校舎に開校して河原部学校と称し、ほどなく蔵前院に移り、翌年には韮崎学校と改称する。今の地に新校舎が落成したのは明治十四年七月、韮崎尋常小学校と改称したのは明治二十年になってのことで、この年から尋常科四年となって義務制となる。小林少年が在学したのはそれ以前の、学校制度の変動していた時期にあたる。士族が校長になって赴任するという話は、たちどころに学校中の話題となり、子供たちもそれなりに噂をしあっていたに違いない。

どうもとんでもない下等なものが師匠となってくるもんだ。どうせ、鉽力屋《ぶりきや》みたいな奴だろう。

小林もそのような理解で、やや士族を軽蔑していた思いがあったのは、「僕の国ぢゃ、士族なんてしろものア裏町の鉽力屋一人なんだもの」と述懐するように、韮崎は武士の町ではなかっただけに、明治維新になってもその存在はなく、尊崇の対象ともされなかった。この町にどのように流れ着いたのか、一人だけいたという士族はブリキヤをしていたという。その男は「古ぼけた小箱を肩にして、町を流して歩いたり、軒の腐ったところやなにかを、がん、がん、叩いて直してゐる光景」を目にしているだけに、それと新任の校長との姿をタブらせ、学校での評判はきわめてよくない。「第一、ブリキヤの分際で、吾々を教へるといふ了簡が図々しいぞと思つた」というのだから、もう学校では「ひどいことだ」との噂でもちきりになる。「こつちにも覚悟がある。くるものなら来て見ろイ。眼に物見せてくれるから」との意気込みであった。

とりわけ小林少年にとって韮崎商人の誇りもあるだけに、意気軒昂とした息まきようである。ブリキヤ校長が威張って教壇に立とうものなら、顔を出したところで、「やアいブリキヤのどんからかん」とどなると、クラス全体がこれに和して「どんからかんのやアい」と囃し、駄目押しは皆で「ざまア見ろブリキヤ」と叫ぶことであった。このような計画の先導に立っていたのは小林一三で、みずからの腕白ぶりを告白する。事実であったにしても、このあたりなど田舎の学校を舞台にした小説的な手法の語りで、漱石の『坊ちゃん』を連想させもする。

すっかり参ったねえ僕は。ぺちゃんこさ。もんぺか何か穿いた古風な、高慢づらの爺いさんがくるだらう！　と期待してゐた鼻の先へ、颯爽として、若く堂々とした偉丈夫が現はれたのだからねえ君。察してくれよ。

すっかり目算が狂い、生徒が目にした教壇の人物はブリキヤ校長どころではなく、めったに見たこともない洋服姿の青年であった。「手も足も出ない始末で、恐れ入ってしまったよ」と、面子の潰れる思いがしたことであろう。

小学生の腕白ぶりはこのようなことでおさまるはずはなく、正月の過ぎたある日のこと、学校へ行くと校長を初め先生方が負傷している。受け持ちの山田松五郎先生などは、顔の立て横十文字に頬かぶりのように包帯を巻きつけている。小林は「先生！　頭アどうしたんでございますか」と聞くと、顔色を変える。「ちょっと鼠に噛まれたんぢゃよ」と澄まして本を広げようとする。別の生徒が、「ほかの先生も、みんな一ぺんに鼠に噛まれたンですか」と聞くと、「ほかの先生のことは、わしは知らん」と苦虫を噛み潰して咳払いをし、講義を始めようとする。皆はそれでおさまらず、小林も「うそだい！　一ぺんにみんな転げるもんかい。ほんとうはどうしたんでごイす」と追及して睨みつける。

韮崎から険阻な山道を釜無川沿いに下り、赤坂を越えた三里先に、甲府の町が位置し、人々は憧れのように足の向く地でもあった。明治初年に増山町に新柳遊郭が成立し、山梨県下初ということもあり、「増山」の名を聞けば子供でも知っていたという。この周辺には芝居小屋などもできてい

た。聞き耳の早い子からの情報によると、

先生たちは、お正月に酔つ払つて、甲府の増山町へお女郎買ひに行つた。その帰りに赤坂の峠で馬車が引つくらかへつて、それであんなけがをしんだとさ。

というではないか。小林は、「しめた！　万歳！　といふ気持だつたよ」と勝ち誇る。早速教室で待ち構え、先生を追求する。「知らン！」「知らなきゃ教へてあげます」と、小林は後ろの生徒を振り向いて「先生の頭は、甲府からお女郎買ひの帰りに」と話をすると、教室は「うわアー」と湧きかえる。先生は顔を赤らめて本を抱えたまま教室から逃げ出すしまつである。後悔したものの、皆は落第だ、どうかすると放校だなどと騒ぎもしたが、何のおとがめもなく進級したというので、卒業する十二歳の正月の事件であろうか。

先ほど引用した未発表の「青い毛布」(仮題)の原稿には、「高柳先生や山田先生方は八島屋でお酒を飲《のん》で、それから甲府の増山町へお女郎買にゆくとて馬車に乗《のつ》て出掛けたところが、赤阪の途中で馬車が転覆《てんぷく》して皆《みん》な大傷我《けが》をしたそうだ。それが郡長さんに知《し》れて叱られたそうだ」と記す。それから五十年ばかり後、小林は墓を大阪に移すにあたって韮崎に帰省した折、今は七十ばかりになった山田松五郎先生と再会したものの、かつての事件は忘れているようで、顔にも頭にも古傷は見あたらなかったと、落語のオチのような話を展開する。

3　韮崎学校時代の初恋

小林の又従兄妹か遠縁に松吉という少女がいた。兄姉が虚弱だったせいで、男のような名をつけると強く育つという風習が地元にあったことによるという。年は互いに十二歳、ただ松吉は一つ下の学年だった。「乳兄妹の間柄なんだね。筒井筒、振り分け髪の……ってやつさ」と述べるため、乳児期の小林は、松吉の母から乳を分けてもらっていたのか、そのような関係もあって幼いころから親しくしていたのであろう。『伊勢物語』二十三段の「昔、田舎わたらひしける人の子ども、井のもとにいでて遊びけるを、おとなになりにければ、男も女も恥ぢかはしてありけれど、男はこの女をこそ得めと思ふ。女はこの男をと思ひつつ、親のあはすれども、聞かでなむありける」とする幼い二人、男は「筒井筒井筒にかけしまろがたけ過ぎにけらしな妹《いも》見ざるまに」と詠みかけ、女も「くらべこし振り分け髪も肩すぎぬ君ならずしてたれかあぐべき」とその気がないわけではなかった。このような古典の世界を連想させるような小林と松吉、田舎の小娘にしては器量もよく、身なりも整い、家は町でも一番大きな呉服屋であった。「唐人髷《とうじんまげ》に結って、赤い色をヒラヒラさせて、涼しい声で、まりつき唄を歌ってゐたりしたよ」と、八つ九つまではただの見る目もほほえましい二人の仲、それが十二、三歳になると意識してあまり口もきかなくなる。一葉の『たけくらべ』のようながら、往来などでふと行き違い、「一さん、どこへ行くの」と聞かれただけで自分は一日心が温かくなるという一方的なものではあった。

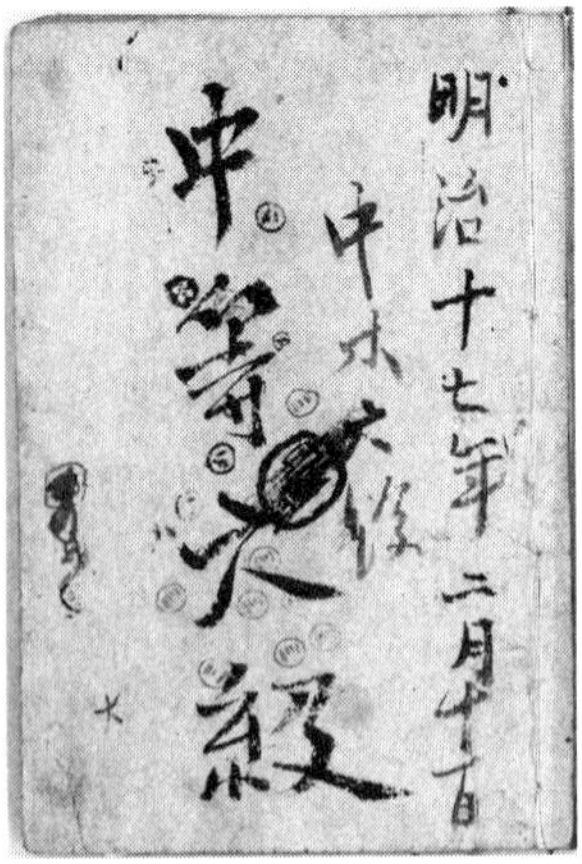

明治十七年二月「中等六級」

まだ幼い頃であろうか、放課後になると彼女に字を教え、鉛筆を削ってやるなど、それだけで幸せを感じるという少年、卒業とともに文学書に夢中になり、さまざまな作品を耽読し、十五歳の春に上京する。東京で生活をしながらも故郷の呉服屋の娘を偲び、忘れることはなかった。それが、自分の心を知ってか知らざるか、娘となって嫁入りし、しかもその先が上野広小路の呉服屋さんというのだ。会うことはなかったものの、小林の散歩の足は自然に上野方面に向かったと述懐する。

それから三十年の歳月、父が再婚した入婿先（田辺家）の義弟から聞くところによると、松吉は早くに亡くなっていた。一人の遺児が大学を卒業し、職に就きたいとの依頼があったというので、少年の淡い恋の忘れ形見だけに世話をしたいと、田辺に二つ返事で承知して伝言した。ところが「せっかくですが、ほかにいい口があったので、そっちへまゐります。あしからず」との挨拶で逃げられてしまった。「母子二代を通じて振られけるかなだよ、君」ということで、語り口調の物語のような随筆は擱筆する。

もちろんのことながら、韮崎学校時代はこのようなことばかりで過ごしていたわけではなく、小林は勉学に熱心で文学に目覚めたやや早熟な少年でもあった。まだ小学生の韮崎学校では「今と違って、小むづかしい経書など教はったものさ」と、中国の古典も科目にあったという。小林の用いた当時の教科書が保存されており、その一つに明治十二年三月文部省刊とする『漢史一班』があり、自らの筆跡で「明治十七年二月十一日、中等六級　中等之級」とする。十一歳になってほどないころである。このような書き入れはいくらも確認でき、『初学経済論』（牧山耕平訳述・巻三）の表紙に、「高等一急用書　小林一三持主」「明治十八年第九月吉日求之　真に一級」とする「一急」は「一級」を意味しているようで、すでに少年の時代にことば遊びに関心を持っていた。本文の「凡ソ真実ノ利潤ハ俗ニ利潤ト称スル者ヨリモ少ナシ」とする上部欄外に、「真実ノ利潤ハ俗ニ利潤ト称スル者ヨリ少ナシト一例」と内容を摘記するとか、「意通ゼバ可ナリ」「問題」「真実ノ価格トハ如何」などと自らの疑問を書き込みもする。

この巻末に印刷された刊記は、「明治十年九月六日版権免許」「同十五年一月改正三版」「訳者東都府平民　牧山幸平」とあるのだが、その後に自ら「有所人　韮崎内平民　小林一三」「所有上町韮崎　小林一三」と書き込む。このような遊びは、『小学修身書』にもなされており、裏表紙には「山梨県北巨摩郡　韮崎学校　小林一三」等と乱雑に記されており、刊記の「出版人　東京府士族　原亮三郎」とする横に「出版人　韮崎士族　小林一三　韮崎上町三丁目十七番地」とやや稚拙な文字で書き入れをする。本の編集とか出版への関心が少年の心にすでにめばえていたと知られよう。

ほかにも当時の教科書類を見ていると、「小学作文全書書取」と内題を付し「小林一三」とする、

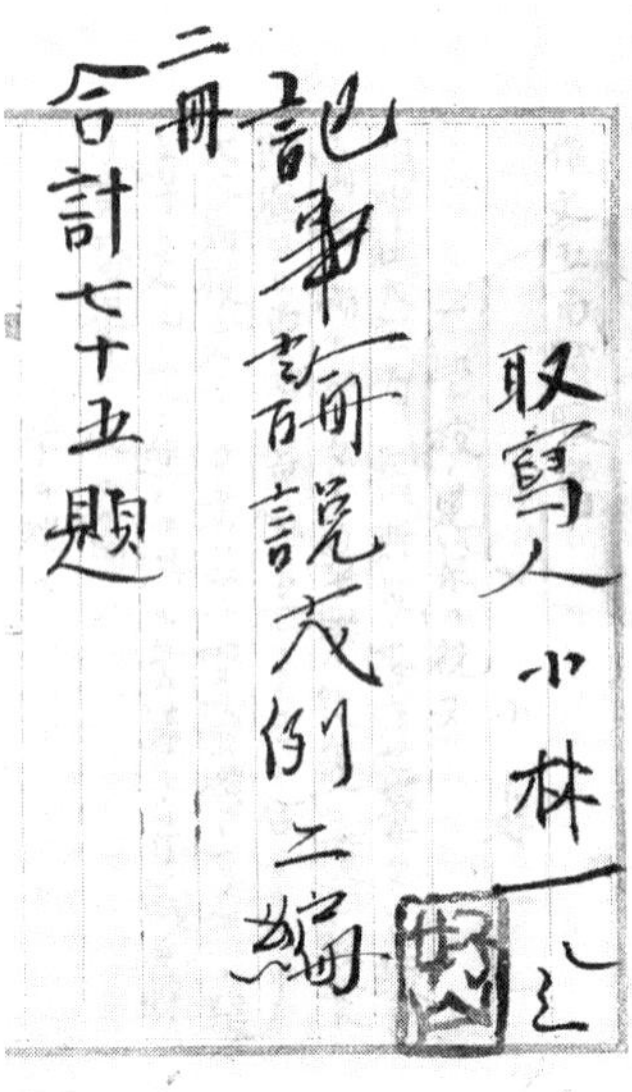

記事論説大例

きわめて丁寧な楷書で記された冊子が存する。まさにテキストを書写したのであろうが、そこには「禍福」のタイトルのもとに「禍福ハ心ノ正邪ト行ノ善悪トニヨリテ天ヨリ報スル以所ナリ、心正シク行善ナル者ハ天之ヲ賞スルニ福ヲ以テシ、心邪ナシテ行悪ナル者、天ノ罰スルニ禍ヲ以テス云々」とあり、以下も「光陰」とか「艱難」「貧富」などと修身的な内容が存するほか、「楠正成金剛山ヲ守ル」「南北朝」「義貞戦死」といった歴史の記述も見いだされる。この類は四十四項目存し、巻末には「記事論説大例初編終」とし、内扉を付して

　取写人　小林一三
　記事論説大例二編
　二冊　合計七十五題

ともする。さらにそこは朱書きで「好山」として四角で囲むのは号を用いたつもりなのであろう。

　第二編に相当する冊子の冒頭には「作文五百題書取」とし、「学校ノ建築ヲ祝ス」「入学ヲ祝ス」「豊年開店新婚ヲ祝ス」とし、さらに「義経ノ論」「豊臣秀吉論」「鎌足論」などとして二十五項目

が書写される。七十五題ではないものの、学校の課題だったのか、自ら依拠した典拠から選択して書写したのか、小学生にしてはかなり背伸びをした内容が展開する。

ここで興味深いのは「浅草上野公園ニ遊ブノ記」で、一部を引用すると、

某年月日日橋（「日本橋」カ）ヨリ馬車ニ乗リ雷門ニ下リ、両側ノ所謂ル中店ヲ歴観シ、本堂ニ上リ欄干ニ凭《よ》リ、人ノ豆ヲ鳩ニ投与ヘル事ヲ観、堂中ヲ周覧シ階ニ昇リ、或ハ観物場ニ入リ、或ハ写真師ヲシテ己ノ影ヲ写サシメ、或ハ揚弓ニ技ヲ試ミ、而後奥山ヲ徐歩シ、某街ノ某ニ遭ヒ、点茶店ニ憩ヒ、黄昏別レテ家ニ皈《かへ》ル、

などとあり、当時の典型的な浅草上野の名所や風俗が記される。小林はここから喧騒の地にあこがれを抱いたのか、三年後に上京した折には早速その地を訪れ、芝居に夢中になるのは、すでにその萌芽がここにあったともいえようか。ほかにも「隅田ニ桜ヲ見ル記」があり、浅草からたどり歩いての桜見物、酒に浮れて歌舞に興じる人々の姿など、小林は書写しながら幼い心を都会へと駆り立てたのではないかと思う。

このようにたどってくると、明治初期の教育の高さを実感するとともに、小林は少年時代から読書熱心で、自らの信念を醸成しながら思いを主張し、また本の編集とか出版といった文化的な活動に強い関心を持っていたことを知るであろう。

4　成器舎時代の生活費

小林一三が几帳面で記録をとるのをいとわない性格であったことは、少年時代からの資料が保存されているとともに、当時の『金銭出入帖』が残されているのによっても知られるであろう。小学高等科を卒業したのが明治十八年十二月の十二歳、ノートの表紙にはその月から翌年の「明治拾九年第十二月迄」と記し、裏表紙には「山梨県下北巨摩郡河原部村韮崎宿　小林一三」とする。一般に小林一三の年譜では十二歳の十二月十六日に韮崎学校を卒業し、東八代郡八代村の成器舎入りしたのは翌年とするが、卒業してすぐさま入塾している。そのため、この金銭出納帳も塾の寄宿舎の生活を示しているのであろう。

成器舎は、公表されている資料によると、明治十五年に加賀美平八郎が設立した私塾で、十四歳以上、または小学中等科の卒業生を対象とし、漢学や儒学を教えていたが、明治十七年以降は英語や算術も教科に加え、寄宿舎も設けたこともあり、県内各地からの入学者があいつぎ、明治十八、九年が最盛期となった。ただ、そのにぎわいもやがて衰退し、明治二十三年頃には閉鎖されるにいたったという。このような推移をみると、もっとも評判の高かった時期に小林は成器舎に入ったことになる。それと、教授の一人に丹沢盛八郎という人物が存在しており、丹沢といえば中巨摩郡竜王村の実父甚八や、育てられた房子の出身である。系図によると、甚八の兄丹沢以世の子息に丹沢盛八郎がおり、同一人に違いなく、年齢差はあったのだろうが、小林とは従兄にあたる。このようにたどっていくと、成器舎に入塾したのも至当のように思われてくる。

小林の出納帳は、内題に「目出度記」（「めでたき」後年の「歌劇」に連載した随筆「おもひつ記」に通じるであろう）と洒落を利かし、「十二月六日　一入金弐拾銭　小林本家様方ゟ」と、まず二十銭の収入があったことを記す。それに続いて出金が列挙され、「菓子代価　七銭」「石筆代価　五厘」「状袋代価　弐銭五厘」「草履代価　六銭」「菓子代価　一銭」「友人ニ貸シ取レズ　三銭」とし、末尾に「入一金弐拾銭」「出一金弐拾銭」と収支を記す。以下「十二月廿五日」の入金は参拾銭、これは「八田家様方ゟ」と、以下には一つ一つの費用を記してその月の締めをする。明治十九年になり、一月五日に入金は「八拾銭」「実家ヨリ」、一月三十日には五十銭を「八田様方ゟ」などとし、以下小林本家と八田家が交互に送金している実態を知る。ただ、八田家は同じ韮崎の名家ながら、小林家とはどのような深いゆかりによるのか、今のところ系譜を知ることができない。

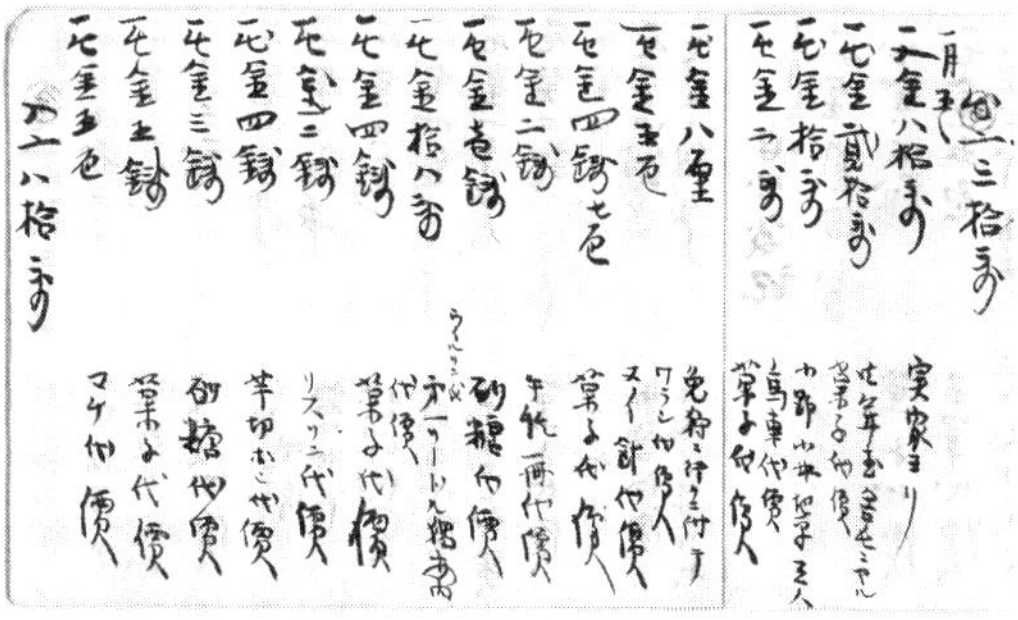
明治十九年一月金銭出納帳

月々に消費した品目は詳細で、寄宿舎生活によるためか「菓子代」が多く記され、それ以外では「ペン」「インキ」「ヌイ針」「砂糖」「草子」「ハミガキ、ヨウジ」「葡萄」「見物」「卵子」「切手」「西洋紙」「下駄」等とあり、その後の人生における記録者としての姿をすでにかいまみさせる。翌年の明治二十年はもう少し記述も詳しく、表紙には「小使雑控」とし「北巨摩郡　小林壱像蔵」と読める。初めに「廿年一月一日」とし、「入金五拾銭　小林七朗様𠆢」「入金五十銭　小林小六様𠆢」と、幼児の折に引き取られた七朗維親とその弟小六からそれぞれ給付され、その後は大体毎月のように小六から一円が与えられる。ここでも月ごとに品目を列挙し、正月に帰宅していて帰塾する折の費用なのか、「馬車代」「土産菓子」などと生活の一端も知られてくる。

ここで初めて日記的な記述を見いだすのは、二月二十八日の条で、十銭の支出とし、

此ノ金ハ岡山県下岡山村生小林万吉ト云フ人、当学舎ニ学僕トナリテ有リシニ、衣服ハ汚レタル一枚ニテ、下駄ハ右ハ高ク左ハ低ク、足袋ハボロボロにサケ、其風実ニ見ルニ忍ビラレズ、然レドモ其学方向ノ志タル実ニ賞ス可キナリ、此ノ如ク有ルヲ以テ、生徒一同義捐金ヲ集メ、衣服及ビ下駄等ヲ買フガ為メ、

と説明する。どのような事情で岡山の出身者が成器舎の学僕として働くようになったのか不明ながら、勉学心の旺盛さにより、生徒たちは心を打たれたのか、募金することによって衣服や下駄の購入資金を調達して支援したという。この美談など、まさに修身の教科書を読むような行為といってもよく、それを実践するだけの素養を生徒達は持っていたともいえようし、それが塾の教育方針でもあったのだろう。

成器舎の経費もかさむようになったのか、二月には小林小六から二円五十銭、四月は六円十銭、

五月は三円三十銭などとあり、この年の一月から六月十日までは十二円四十銭の収入、支出した小遣も同じ額だったとする。

これとは別に学舎費も月々まとめていたようで、一枚の報告書が残されており、下書きなのか宛先はなく、「成器舎入費計算表　本人小林一三」として、「舎費」「月謝」「賄料」と項目ごとに記され、「合計二拾八円四拾銭〇五厘、本年事務局前納金」とあり、末尾に「右之通相違無之候也」とする。小林一三の相続すべき財産は、本家から上京して後も送金されているため、たんなる支援ではないにしても、小林万吉とはくらべものにならない余裕のある生活を送っていたと想像される。ただ、そうであっても、金銭についてはかなり厳しい自己抑制をし、余すところなく記録し、月ごとに収支を明らかにするのは、その後の経済人としての生き方にも通じるのであろう。

5　成器舎からの退塾

すでに述べたように、小林が成器舎に入塾したのは十二歳の明治十八年十二月六日、退塾したのは十四歳の七月、八代村（山梨県東八代郡）の宿舎生活は実質的には一年七か月ばかりであった。当時の生活を知る資料としては、金銭出納帳のほかに「日誌」が二冊存する。一冊目の表紙には「明治拾九年第十月新調　日誌　明治十八年第十二月六日」とし、二冊目には「第二号　小林一三主　成器舎日誌」とあり、これによってかなり詳細に日々の状況を知ることができる。これはタテ一〇センチ、ヨコ一五センチ足らずの和綴じノートで、初めに明治の年月が書き込める空欄と、横に一日から三十一日までが印刷され、その下に一行ごとの余白がある。図版に示したように、内題は「日誌」と自らが書いて周囲を飾り、下に「成器舎小林一三　東八代郡八代村」とし、十二月六日の欄から始められる。そこには「日、晴、在塾、入学、第三号寄宿舎ニ居」とする。小遣帳が十二月六日から初められていたのと同じで、この日から成器舎での生活が始まったことを示しており、三号室に入ったようだが、数人の相部屋だったのであろう。「在塾」は宿舎にいたことを示しており、翌日の月火の二日に「出舎」とするのは入塾の説明や学舎の案内だけだったのか、本格的な勉学は十二月十四日の月曜に「昇舎」とあるのによって始められた。日誌を見ていくと、毎週水曜日に「午後ヨリ例演説」とあるのによって、教員による講話が恒例として催されたれのであろうか。

「成器舎日誌」内題

十二月二十四日の木曜、天候は雪、「帰省」として備考欄に「寒中休ミナルヲ以テ」と、冬休みになったことを記す。以下には「帰省中」とし、月末の空欄には小遣帳とは別に成器舎の費用をまとめる。

賄料一円二拾六四《（ママ）》厘四毛
舎費二拾五銭

月謝二拾五銭

合一円七拾六銭五厘四毛

休みを終えて再び塾に帰ってきたのは明治十九年一月六日、その欄に「帰舎」、翌日から「出舎」「昇舎」などとあり、日曜日は「在塾」して過ごす。一月十日には「此ノ日兎狩ニユク、然レドモ一モ得ズ」と、友達と狩猟の遊びもしたという。日を追って行くと、一月二十八日（水）は「午前出舎」「午後試験終リ候処、午後行八田」と、成器舎の費用も出している八田家へ挨拶にうかがってもいるが、この後もしばしば訪れたことが見える。三月四日（木、晴）には「寺内ノ祭日ニ付キ午後一時ヨリ退校」とするのは、成器舎の置かれた八代村の定林寺の祭なのであろう。ただ表記については、「城連寺ニ於テ半日種痘ナルヲ以」（三月八日）、「半日種痘検査ヲナスヲ以テ城連寺」（三月十五日）等とあり、成器舎が置かれていた定林寺と同一なのか、別に存した城連寺に赴いたのかは判断できない。

簡略なメモ程度ながら、日々をたどると興味深く、「午後ヨリ散歩ナガラ、井上、穴観音祭典ニ行ク」（三月十日）と、井上という同級生なのか、韮崎の穴観音の祭礼に出かけ、「此ノ日、永井村ニ桜花見物ニ一同行」（四月十一日）、「此ノ日退校後、三号寄宿ヨリ一号寄宿ニ移ル」（四月二十日）、「此ノ日甲府ニ文学士山田一郎氏ノ演説ヲ桜座ニ聞キニ行ク」（四月二十五日）、「岡村先生政治学ヲ講義ス」（明治二十年二月二十一日）などとする。文学士山田一郎は新聞記者、政治家として知られ、明治十五年には大隈重信などと立憲改進党を結成しており、その報告会が甲府の桜座で催されたのであろう。桜座は明治九年に建てられた芝居小屋、初めは三井座、同十六年に改称されている。芝居も見に出かけたようだが、このような政治的な講演会にも早くから関心を示していたし、塾では授業の科目も存した。

二冊目は「明治弐拾年第六月新調日誌」とし、一部記述が第一冊目と重複しているものの、こちらは出席簿の役割も果たしており、授業の教科も記され、出席すると印鑑をもらったようである。六月一日を見ると「昇校」とし、漢文欄には「先生不在」、英語に「小野」の印鑑、これは当時教授として在職していた小野茂吉なのであろう。英語には「会話」「文典」「第三リードル」などとある。時には「此ノ日午後笛吹川ニ辺テ（辺ニテ）カ）遊泳ニ行ク」（六月七日）、「今夕平松先生送別会」（七月六日）などと、身辺の記録を持続する。ただ、七月十七日の項目に「帰省」として以下は空白、一冊目でもこの日に「帰省」として「在宅」が続き、八月もすべて在宅が続く。

これに関連する後年の『大臣落第記』の記述に、

たしかにそれは十五の齢（満十四歳）の夏の初めである。私は暑中休暇に我が家に帰る途すがら、生地に霜降の学校の制服を新調したのが生れてはじめて洋服といふものの着初めであったが、八代の寄宿舎から石和の町へ下る小一里の田舎道を、友達と二人連れ、鵜飼川の堤に来ると、眼がくらむやうに疲れて、甲連橋の馬車の立場に着くまでが夢心地、それから甲府は相生町で再び馬車を乗替へて、韮崎の生家に着いたときにはすでに高熱で何等の記憶がない。ころがるやうに抱込まれ寝床に横になってから二ヶ月、チフスに罹ったそのあとが秋風の吹きそむる頃から、ブラブラと床を離れて養生がてら、再び学校に行く勇気もなく、冬籠りにはABCの覚束ない自修をつづけてをったが、その翌る年十六の春に、東京の学校へ上る時の青毛布を思ひ出して、そして現在に至るまで、五十何ケ年の、長い長い一度も病気らしい病気に取付かれない頑強な過ぎ越し方を考へると、私のやうに、幸運に恵まれてゐる人は、この広い世界に二人とあるまいと思ふほど満足してゐる。

と、夏休みで帰省中に病気となって在床二ヶ月、塾に復帰する気力も失せてそのまま退校し、翌春に上京したと回想する。それは腸チフスだったのだが、やっと快癒し、勉学心から東京へと向かうことになり、出立にあたって祖母から首に巻いてもらったのが「青い毛布」であったと、初めに引用した随筆へと連接していく。

この経緯については、小林の記憶違いのようで、日誌によると七月、八月は「在宅」とあって韮崎での病気療養をしていたようだが、九月五日（月）に成器舎に戻ってきている。授業にも出席しており、その後九月十八日（日）には帰宅、二十日（火）は成器舎、十月二十日（金）に帰宅して二十六日（木）に塾に戻るなどの往復をし、十一月も四日に帰舎、五日は「近代史止」、十六日から「近代史始」とする。十九日（土）に帰宅して二十二日（火）には成器舎へ、その後十二月十七日（土）まで「在塾」していたようだが、翌日から空欄となる。これらを総合すると、夏休み明けに塾にもどりながら、体調は思わしくなかったのか、実家にしばしば帰っており、その休みも数日にわたっていたようだが、これ以上在塾するのも無理と、あるいは意欲を失ったのかもしれないが、十二月十八日（日）に帰宅し、そのままになったという次第のようである。

この日誌には末尾や裏表紙などに、あまり内容と関係なく乱雑な書き入れもなされており、例えばどのような脈絡があるのか不明ながら一冊目には「横沢米太郎」という名前を三度書きつけたり、判読ながら「墨吉静」「成器舎　静」とか、すっかり抹消したりする箇所もある。横沢米太郎は同郷の遠縁か友達なのであろう、上京する直前の一月六日には「横沢君ノ宅へ年始ニユク」とあり、明治三十三年一月十四日の日記に「横沢米太郎君へ出状」、一月十九日には他の人々とともに「甲州、横沢米太郎」へ蒲鉾一箱を送っているのによって、後々まで親密な関係にあったと知られる。二冊目の内扉に「Mention of by day and day about Seikisha」とするのは、まさに「成器舎日誌」を意図したようで、ほかにも「早川八郎君」「小林一三君閣下　山梨県下北巨摩郡河原部村韮崎宿小林一三様」など、読めない部分も多数あり、その中に「This book belong to I.K.」と二度書写もする。表紙の「小林一三主」としたのだろうが、ここでの「I.K.」とする「一三小林」のイニシャルは後にもしばしば用いており、ここから初めての小説「練絲痕」では「アイケイ」を「靄溪学人」と表記したペンネームを用いてくる。

6　成器舎の英語教育

成器舎の授業の特色として、英語を科目に加えたことは当時として斬新な試みであったようで、塾として一時的ながら殷賑を極めたのはそれに引かれた人々が多く存したことによるのではないかと思う。小林一三も熱心な生徒の一人だったようで、明治十八年の出納帳では、「ウイルソン氏第一リードル独案内代価、十八銭」、明治二十年になると「ナショナル第二リードル代価、三拾三銭」（一月二十三日）「リエンケンボス小英文典代、七銭五厘」（二月六日）「ナショナル第三リードル代、五拾八銭」（同）「スイントン小文典、二銭」（三月二十八日）などと原書を購入し、三月七日には「英学教頭内田雄次郎氏□□□帰郷ノ時ニ送別会々費金高」として二銭五厘の支出をするなど、教師との交流も深かったようだ（一部判読不可）。

これに関する資料の一つに「ニューナショナル第三リードル直訳」とする冊子があり、表紙には「This book belong to I.Kobayashi kai」とし、「合集直訳　巻之壱」とするが、ここに表記する「kai」は訳の意の「解」であろうか。扉裏には「日本　小林」とし、十行の罫線の引かれた七丁からなる小冊子で、前半はリードル、後半は「スイントン小文典直訳」とし、一部ながら自らの訳であるとする。初めには「第七課　小サキ小猫」とし、

二ツノ小サキ小猫ガ或ル暴風雨ノ夜争フ可ク、而シテ然ル役ニ闘フ可ク始メシ、一ツガ小鼠カ持ケレ、他ガ何物ヲモ持タザリシ而シテ其レノ争ヒガ始マリシ方法デアル。私ハ其ノ小鼠ヲ持ツデアロウ、汝ハ其ノ小鼠ヲ持ツタデアロウカ、我等ガ其ニ就テ見ルテ《ママ》有フト、更ニ大ナル猫ガ云ヒシ、私ガ其ノ小鼠ヲ持ツデアラウト、更ニ年長ケタル子鼠ガ云ヒシ、汝ガ其ノ小鼠ヲ持タヌデアロウト小サキ者ガ云ヒシ、（以下略）

ことばづかいなど不明な箇所も多く、かなり理屈っぽい内容とはいえ、原文からこれだけの翻訳をするという十三歳の少年の力量に驚きを禁じ得ない。第八課は「ヂヤック及ビ鍵」、この後に「小文典直訳」が続き、「序文」の翻訳となる。「スイントン小文典」も「第三リードル」も自らの費用で購入したテキストで、授業で翻訳が課せられたのか、自習として試みたのか、小林の熱意のほどが知られるであろう。なお『日誌』の明治二十年六月二十二日（水）の条に英語の授業は「文典」、内容は「第三リードル」とし、その注記に「此日ヨリ第三リードルヲ教授ラレル」とあり、以後この科目の名が数日おきに記述されていく。この授業での作業として翻訳を試みたものと思われる。

『小文典』ではまず「序文」の翻訳が示され、

［1］国語ハ言葉ヲ詔シ又ハ書クコトノ仕方ニ由テ考ヘノ云ヒ顕ハシデアル

［2］国語学ハ直ニ書クコト而テ話スコトノ法則ト而テ作文ニ於テノ法則ヲ備ヘル国語ノ学問ハ文典而作文トノ二ツノ部分ニ辺テ分タル

［3］文典ハ国語ノ道理ニ就テ論ズル所ノ学処デアル

［4］作文ノ直ニ書クコトノ術デアル

と、その基本方針を述べる。これに続いて「第一章言葉ノ種類」「第弐章言葉の部分」などと項目に分けられるものの、以下の詳細な内容がないのは、大綱だけを示したのであろうか。

このような英文法書だけではなく、「小林一三編輯」とした「クワツケンボス氏小米国史直訳

首　小林・清水聞取」とした書も存する。冒頭に「竊写《せっしゃ》」とするのは、教師が授業で解釈してみせた文章を同級生の清水と小林がそのまま写し取ったいわば速記録で、小林が編集したというのであろう。第一章は「四百年以前」として地球の丸いこと、アメリカ大陸の前史について、第二章は「クリストアコロンブス」とし、大陸の発見に向かう経緯を記す。小項目に分け、番号を付して展開するが、初めの部分を示すと、

(1)「コロンブス」ハ欧羅巴ノ一国ノ以太利ノ中ノ「ゼノア」ニ於テ生レシ。彼等ノ両親ハ貧窮デアリシ、然レドモ能ク彼ヲ教育シタリキ、若年ニ於テ彼ハ航海セシ、而シテ各国ヲ見舞シ所々折ニ於テ船、夫レノ上ニ彼レガ努メシ所ノ船ガ火災ヲ取リシ、而シテ彼ハ彼の生命ノ為ニ海に彼等自ラノ身ヲ投ゲ而シテ泳ガネバナラナンダ

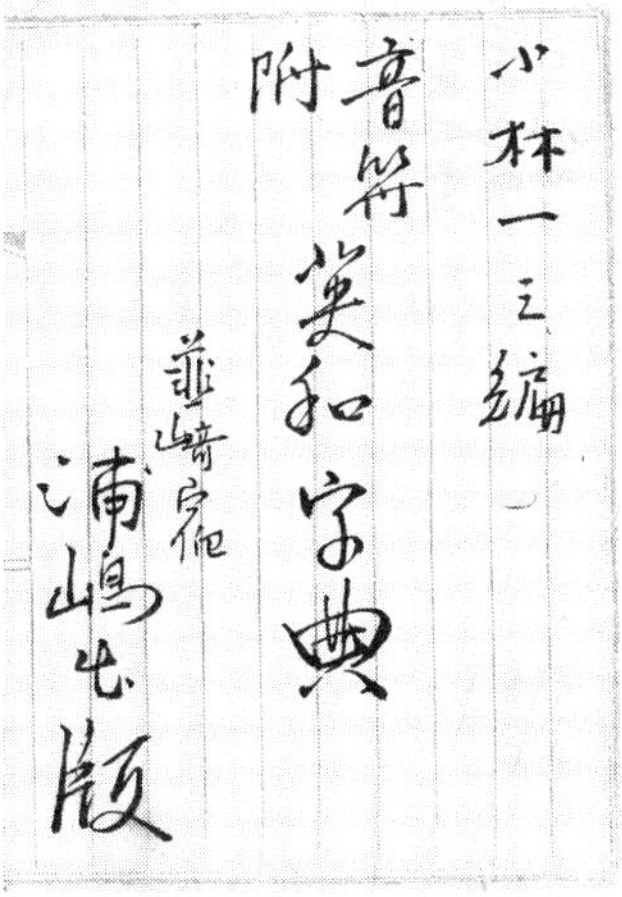

音符付英和字典

とあり、やや意味不通の部分もあるとはいえ、当時の教授法ではあったが、小林などは教師の語ることばをひたすら書写していくという形態で進められる。原書を手にしていたのかどうかは不明ながら、カッケンボスのアメリカ史が漢文で『米利堅志』（四巻、河野通之訳）として出版されたのが明治七年、それを用いての授業だったのかは明らかではない。慶応義塾でも、カッケンボスの『小合衆国史』が教材に

なっていたようで、明治前期のもっとも流布したテキストではあった。

森鷗外の『渋江抽斎』においても、抽斎の後妻となった五百《いお》は勉学熱心で、六十歳になって英文を学ぶようになり、カッケンボスの『小米国史』を読んだことが紹介され、末子の保がそれを日本語に翻訳するにいたる。五百は明治十七年に六十九歳で亡くなっているので、当時原書が日本にもたらされ、成器舎でも用いられていた可能性もあり、小林などはいわば最新の歴史書に接していたことになる。

それらの資料の内でも興味深いのは、罫紙四、五枚を簡略な綴りにし、表紙に「小林一三編」とする『音符付　英和字典　韮崎宿　浦嶋出版」とした冊子である。「Swinton's Grammar　英文典全」「スヰントン　文典」ともしており、自ら翻訳して編集し、手書きながら「浦嶋出版」としてそこから発売した形態をとる。内容はアルファベット順に発音を分類しようとしたようだが、一部が残されているだけで、例えば「B」の項目には「Bĭg　Boy　Bŏx」として以下は余白。「C」のページには二項目、以下「Z」にいたるとはいえ、そこには何も書かれていない。巻末には発音記号を索引のように配列し、「詳ナルコトハ英語発音・解ヲ見ヨ」と付す。

このようなスゥイントンの英語文法書なるものを分類して編集したというのは、出納帳でも知られるように明治二十年の十四歳の年であった。注目されるのは、明治十七年に若干十八歳の斎藤秀三郎が『スウイントン英語学新式直訳』（十字屋）を出版し、日本では最初の文法書として評判になっていることで、斎藤はその後も翻訳や英語教育に生涯を注いだ人物として知られる。このような状況にある最新の文法書を、成器舎の英語教師が導入し、生徒に買わせて授業に用いていたというのは、たんに小林一人の問題ではなく、地方の一私塾における教育方法のレベルの高さを示すことでもあろう。勉学心のある者は、小林のように積極的に内容の理解に勤め、テキストを再編集して新たな本を作ろうという意欲が塾そのものにも横溢していたと想像される。小林は遊び心から「浦嶋出版」などという架空の書舗名をつけたにしても、そこには進取的に世間に出て行こうとする、明治初期の若者の気概を見いだす思いでもある。

ただ、小林は十四歳の夏季休暇で生家に戻る途中病となり、二ヶ月ばかり自宅で療養することになり、八代村の成器舎に復帰したのは九月五日になってであった。その後は体調もよくなかったのか、実家にもどることも多くなり、結果としてはその年の十二月二十五日を最後に成器舎との関係を断つことになる。

二　東京での新生活

1　韮崎から東京へ

小林一三の日記は明治三十一年一月一日から同三十九年（三十二年、三十四年、三十八年は欠）の一冊目と、昭和二十年一月から同二十三年十二月上旬、昭和三十二年十二月下旬から同三十二年一月までの三冊が、没して三十四年後に出版され、そこから日々の行動とものの考えを詳細に知り、また企業人としての生き方、演劇、茶道等についてはは多数の著作によっても明らかすることができる。ただ、肝心の宝塚歌劇や阪急百貨店、東宝映画を設立した経緯は、大正と昭和期の前半の記録がないためなかなか核心に迫ることができず、やや隔靴掻痒の感を持つ。日次の記は存在していたのか、空白の期間の記録はもともとなかったのか、日記の編纂者も見つけることができなかったようで、今のところ不明というしかない。

ところがここに「記事録依小林　甲号」と題した小本が存在し、そこに書かれているのは、明治二十一年一月一日から十月十六日までの小林自身の日記であった。現存するもっとも早い時期の明治三十一年の記述からは十年早く、しかも「甲号」とあるからには「乙」なども存するのか、「依小林」とするのは小林に求められてある人物が書写したのか、そのあたりの事情は知ることができない。後の日記のように詳細に記すのではなく、事項を列挙した体裁となっており、前年の暮に成器舎を退塾して以降の、小林十五歳の動静をささやかながら知るてがかりとなる。日記を編む折には見つからなかったのか、簡略な内容なので省略したのかはわからない。この一年足らずの動静を記録した小冊子は、行替えもしないまま追い込みの書写をしており、内容を知るため、まずは初めの部分を段落分けして示しておく。

廿一年一月一日

昨年卅一日ヨリ風邪ニ掛リ、遂ニ一日二日ノ両日在蓐《ざいじょく》セリ。三日村中ハ年始ノ礼ヲ行フ。

六日横沢君ノ宅へ年始ニ行ク。

七日横沢君仝道、八田へ年始ニ行キ、今夜横沢家ニてトランプノ際中、実家ノ使者ニ遇ふ。

八日成器舎へ、荷物取纏メル為メ行ク。帰途正六ニ立寄リ、出京ノ期日ヲ聞ク、今日横沢君ヨリ餞別両円を頂ク。

九日高柳様尋訪、仝君共ニ実家へ到リ出京ノ期日を約束ス

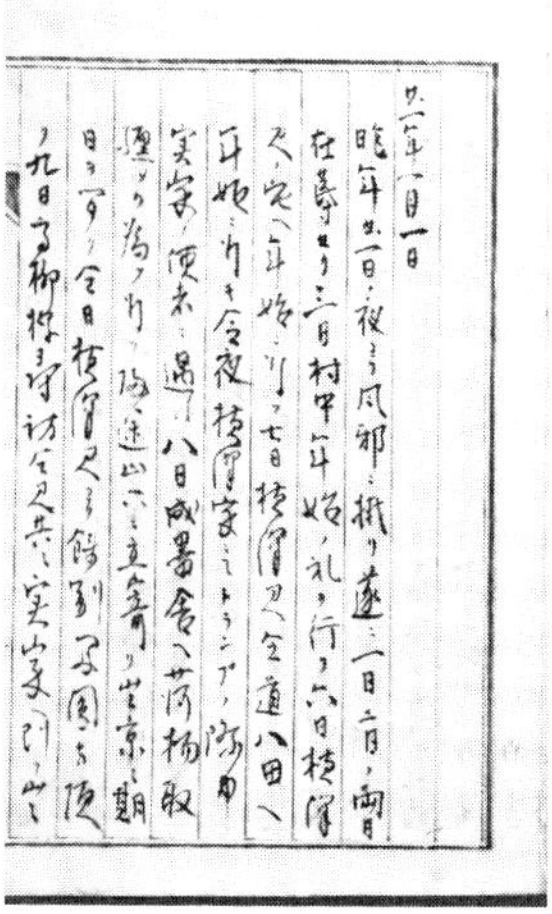

明治二十一年日誌

小林は十四歳の十二月下旬に韮崎の実家に帰宅して後、このところ体調も万全ではなかったことによるのであろうか、大晦日の三十一日には風邪を引き、翌年正月の一日、二日も床に寝込んでしまう。三日は、村中が年始のあいさつ、大きな商家だっただけに小林家には大勢の客が訪れ、病み上がりの小林もそれなりに応対したのかもしれない。六日は横沢君の家に年始にうかがったとするが、これはすでに触れた横沢米太郎を指しており、翌七日は二人で八田家へ年始の挨拶をしたというので、共通の親族だったと思われる。

その夜は横沢君の家でトランプ遊びをしていると、実家から使者が来たというのは、小林の東京行きが決まったため、その相談や準備もあって戻ってくるようにとの連絡なのであろう。前年七月の大病の後、成器舎へ復帰したとはいえ以前ほどの熱意も失せ、体調もかんばしくないことと、慕っていた教師の転出などもあったことによるのか、冬休みで帰省してそのままになってしまった。かねてその意向を知った祖父母あたりが、衆議院議員にもなった養父でもある長子の七朗維親や東京に住む次男の小林近一（後に九十五銀行頭取）などに連絡し、慶応義塾への入学話を進めていたのであろう。

このようにして本決まりとなった東京行き、小林は正式に成器舎への退塾届の提出のこともあり、八日は久しぶりに八代村の塾を訪れ、「荷物取纏メ行ク」と部屋をかたづけ、帰りには運送業関係なのであろうか、「正六ニ立寄リ出京ノ期日ヲ聞ク」という手続きもする。横沢君から「餞別両円を頂ク」と、かなりの高額をもらっているのも、たんなる友達ではなかったことを示している。九日には上京に際して同道する高柳家へあいさつに訪れ、そこの高柳君と実家にもどって「出京ノ期日を約束ス」と準備を整え、これでいよいよ本決まりとなる。ただこのように詳細に記しながら、父甚八の姿はなく、婿養子となった田辺家も一切触れられていない。

一月十日は「実家出発」と、十五歳の少年にとっては初めての上京の途、養祖母の出である丹沢家の竜王村に行き年始がてら出京の別れを告げ、午後三時頃には八六（地名か）に着き、その夜は枝沢君のもとに訪れると、病気で床に臥せており、互いに惜別の思いを吐露したに違いない。「同夜、高柳君と桜町三井屋泊」と、二人旅なのか高柳君と甲府桜町の三井屋に泊るのだが、韮崎からここまでは旧甲州街道の三里二十町、およそ十四キロの道のりであった。

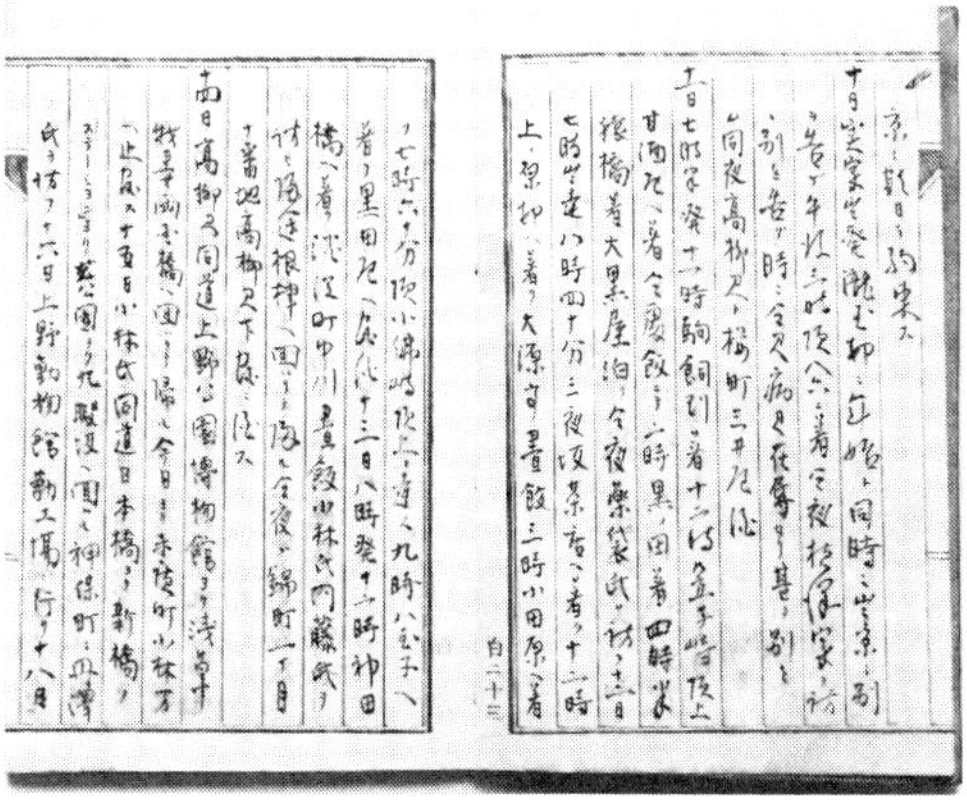
明治二十一年一月日記

　小林家の布屋は地域に根ざし、広範囲に活動していた商家であり名家でもあっただけに、周辺には親族も多く、小林は実家の意向もあり、同じような年頃の少年もいたのであろう、義理堅く各所のあいさつ周りをする。高柳君と宿泊したのは桜町の三井屋、現在は甲府市なのだが、この桜町三丁目には三井与平によって明治九年に芝居小屋の三井座ができ、十六年には桜座に改称されたことはすでに指摘したところである。成器舎に在塾していたころ、休みには演説会を聞きに行き、また芝居も見ていたことであろう。これが小林の旅立った一日目の行程であった。

自らの感想を書き入れることなく、たんたんと簡略に書かれた旅日記、以後も次のように続いていく。

十一日　七時半発十一時駒飼邨《こまかいむら》着、十二時笠子峠頂上甘酒屋へ着、仝処飯ニテ、二時黒ノ田着、四時半猿橋着、大黒屋泊リ仝夜薬袋《みない》氏ヲ訪フ、

十二日七時出達、八時四十分三夜坂茶店へ着ク、十二時上ノ原邨へ着、大源亭昼飯、三時小田原へ着ク、七時六十分頃小仏峠頂上ニ達ス、九時八王子へ着ク、黒田屋へ宿泊、

十三日八時発十二時神田橋へ着ク、淡路町中川昼飯、小林氏、内藤氏ヲ訪ヒ、帰途根津へ回ハリテ帰ル、仝夜ハ錦町一丁目十番地高柳君下宿に泊ス、

韮崎の実家を出て二日目、朝は七時半に甲府の宿を出て十一時には駒飼村、十二時に笹子峠（笹子峠）の山頂に至り、甘酒屋で昼食となる。馬車での旅なのだろうが、笹子峠は甲州一の難所とされ、一千メートルを越える高い山である。笹子峠には、現在「尼酒茶屋の跡」の碑があるとされるので、小林と連れの高柳はそこに寄ったはずである。昼食をすませると道は下りとなり、二時には谷の底に位置するような甲州街道宿場町の黒野田、現在の大月市笹子町で、さらに道を東へと進み四時半には猿橋へとたどり着く。猿橋は桂川（相模川）に架かり、広重の浮世絵にも描かれた日本三奇橋の一つで、黒田屋に泊ったとするが、橋のたもとに今日も同じ旅館が存在する。夜はこの地

の薬袋《みない》氏を訪れたとしており、親族の筋にあたるのか、「薬袋」というのはこの地域特有の姓でもある。

日記によると、明治三十五年十一月二十八日の条に「薬袋義一氏病気にて大学病院入院中ゆへ見舞フ」とあり、翌年の一月三十日に「大学病院へ薬袋サンを訪ふ、どうもよくない様子だ。困る〳〵、お見舞いにお菓子を買ふて行つた」とあり、二月八日は「小野さんのおばさんから端書にて薬袋さん大危篤と、即ちゆく」と、病院にかけつける。連絡をしてきた小野家は祖父の流れで、甲州財閥の一つ、とりわけ小野金六は小林一三より二十歳ばかり年上だが、早く明治六年に上京し、その後山梨第一銀行東京支店長となり、鉄道事業にも関わっている。東京での小林一三を庇護し支援した一人で、小林も薬袋茂一や小野金六に品物を贈るなどの親しい関係を持っていた。その「小野のおばさん」からハガキによって通知があり、急いで薬袋氏の病気見舞いにかけつたという状況である。その後もしばしば見舞いに訪れたものの、二月十日に死去、「七里の義母、四五三君等在り。藤屋の叔母来れ共死に目にあはず残念〳〵」と、親族が集まってくる。その後の日記にも薬袋茂一の息子たちなのか、正一とか五三四（正しくは「四五三」）等の名がしばしば登場し、関係の深さを知ることができる。なお、薬袋義一は山梨県巨摩郡竜王村丹沢家の出身、新聞社の社主となったり、後には衆議院議員にもなっており、小野金六とともに小林一三を支えた一人であった。丹沢家は、これまでも指摘してきたように父甚八とともに、育てられた義祖母房子の出身でもある。系譜をたどると周辺へ拡散してしまいそうだが、小林一三という存在の背景には甲州の地の縁戚関係が精神的にも経済的にも、多様にかかわっていたのが実相であった。

このような経緯からすると、猿橋で薬袋氏を訪問したというのも、たんなる知り合いというのではなく、親族関係にあり、上京の途にある挨拶であったと知られよう。翌十二日は早朝の七時出立、八時四十分には塩の道としても知られる三屋坂の茶店、十二時には宿場町でもある上野原村の太源亭で昼食をとる。三時に小田原（現在の甲州市塩山下小田原）、夕刻には小仏峠、休むことなく先へと進み、夜九時に八王子へ着き、黒田屋に宿泊するという、この日はかなりの強行軍であった。

いよいよ最終日の十三日は八時に宿を出て十二時には東京に入り、日本橋川に架かる神田橋に着き、淡路町の中川で昼食をとり、すぐさま小林、内藤氏を尋ね、帰りは根津を迂回し、夜は錦町一丁目十番地の高柳君の下宿に泊まる。一月十日に実家を離れ、十三日に東京入りという、三泊四日の旅程であった。小林は、翌日からしばらく下宿する祖母房子の息子近一宅や内藤（親族なのか、同郷の知り合いなのか不明）へのあいさつまわり、着いた夜はひとまず同道した高柳君の下宿に泊まり、十五歳の少年の東京生活が始まることになる。

2　士族校長の高柳

韮崎の出発から同道し、東京の第一夜も共にした高柳君の存在、「君」と書かれているため、つい現代的な感覚で読み進めたものの、これは本来の敬称で考えなければならない。ここで小林が韮崎から祖母の房子などに見送られて出立した場面に、もう一度たちもどってくる必要がある。祖母は馬車に乗った小林少年に、青い毛布を巻いてくれ、「気をつけてお出よ」と涙をためて見送ってくれた。祖母の慈愛は、「実に神様のやうなお方」というのが、小林の終生変わらない尊崇の思いであった。馬車が出ようとすると、祖母は駆け寄るようにして馬丁にことばをかけ、小林少年はそのまま住み慣れた実家を離れていく。

「馬車屋さん高柳先生のお宅の前で一寸停《とめ》てやつて下さいよ」

とお婆さんは街道《おもて》まで出て来て頼《たのん》でくれた。

馬車が大濤《おほなみ》のやうにうねつて走り出すと、常に聞きなれて居る馬丁が節《ふし》面白きラツパの音もたゞ理由《わけ》もなく悲くなつて独《ひとり》で泣出した。

其頃は馬糞で名高い韮崎の町に、水打てばまたたくに凍る一月九日、東京行きの初旅を甲府泊りときめて、東道《(ママ)》の案内者は同じ町の高柳といふ法律学校の卒業生で、此人は自分の小学校時代には校長で在つたが、其後明治法律を卒業して弁護士の受験準備中であるといふ話であつた。

これは映画のシーンのように感動的な場面というほかはなく、祖母の涙と馭者《ぎょしゃ》の吹くラッパの音で、小林少年は一人悲しみで泣くほかなかった。どのような響きだったのか、出発を知らせるラッパは哀調を帯びた音色だったのであろう。韮崎街道を走る聞きなれたラッパの音ながら、今日は自分がその乗合馬車に座って東京へと向かおうとしているのである。「水打てばまたたくに凍る一月

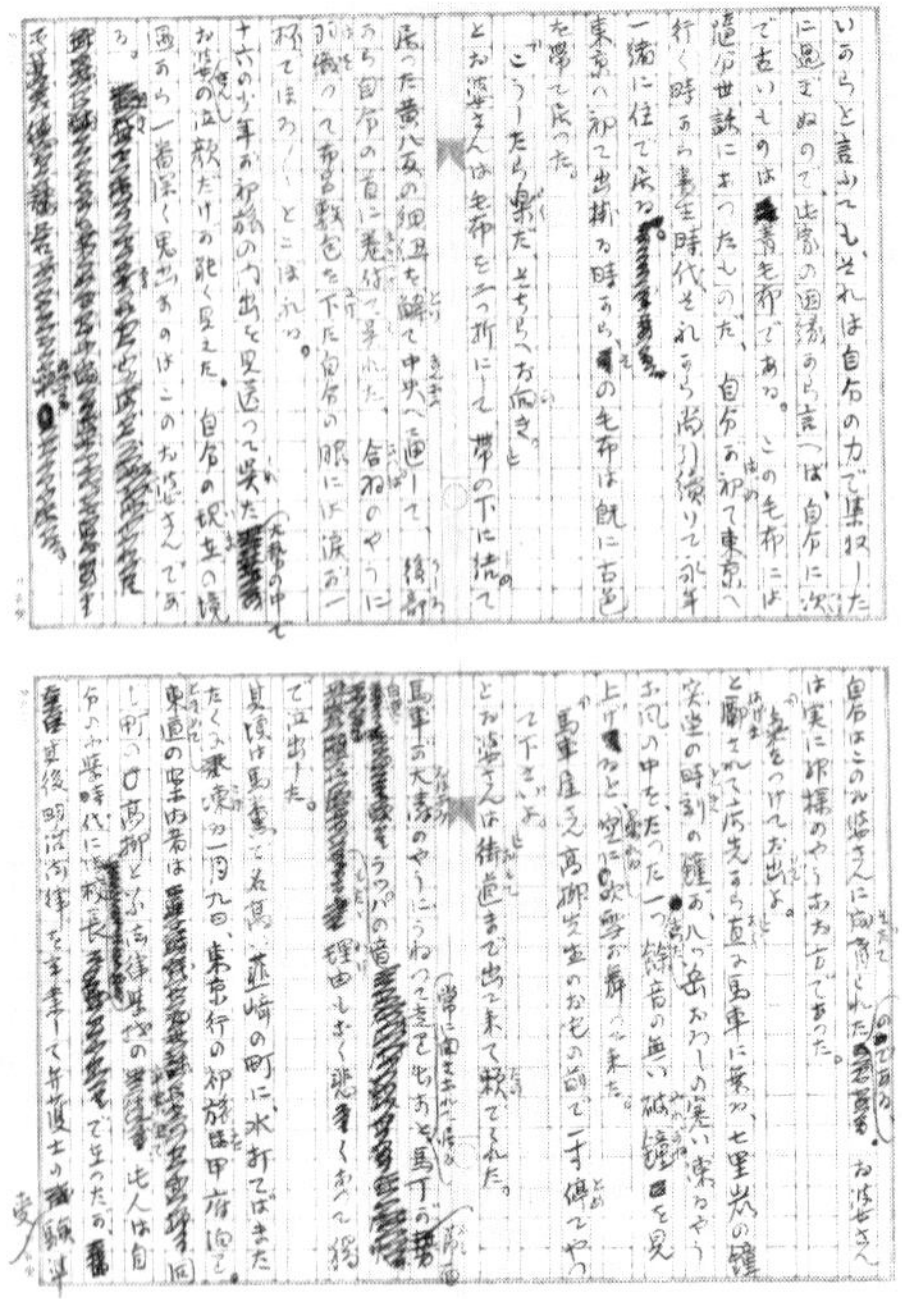
「青い毛布」

九日」と感傷的なことばを連ねるが、日記によると実際に出立したのは一月十日であった。

十五歳になったばかりの小林少年にとって、一人旅など適《かな》うはずがなく、同道してもらったのは高柳先生、その方は小学校時代の校長先生で、今は明治法律学校を出て弁護士の受験のため東京での下宿生活をしているのだという。かつての高柳校長は、法律学校を卒業し、そのまま東京で弁護士の受験勉強をしていたようで、正月休みとて韮崎に帰省していたのであろう。

前年の夏に大病をし、九月になって成器舎に復帰したとはいえ、小林は持続していく意欲を失ったのか、暮に帰宅して以降退塾を訴えたようである。早速家族は今後の方針をどうするか協議したはずで、結果として上京しての勉学継続となり、慶応義塾が適当との結論となったのであろう。これらの措置については、東京の親族が奔走し、房子の息子小林近一が身元保証人になることも決まった。ただどのようにして東京へ向かうのか、小林家としては使用人をつけることも考えたはずながら、たまたま高柳先生が正月明け東京に戻ることを知った祖母が、同道してもらえるよう頼み込んでくれた。「自分の宅《うち》の老人は大層高柳先生を信用して居られたと見えて、自分の東京行に就て御同行を願つたものと見える」と、祖母がすべての手配をしてくれたのである。そのためもあり、念を押すように街道まで出向き、馬丁に高柳先生の家の前で臨時に停車することを確かめたというなりゆきであろう。

　其中に馬車が高柳先生のお宅の前に停《とま》つた。先生のお宅は町はづれに近く軒の低い米穀商で、戸主のお兄さんが釜無川の堤防工事の受負で不義の金を儲《もうけ》たといふ話であつた。自分は馬車から降《おり》やうとして、小《ちい》さい体《からだ》を包《つゝ》んだ青毛布のまゝ、踏板に片足を降《おろ》すと、隣《となり》の合客の尻に敷《しか》れてあつた自分の毛布に引張《ひつぱら》られて降《おり》ることが出来《でき》ない。馬が一足進むと車輪《くるま》が少し動く、身《み》に余る大《おほき》な毛布に初て包《つゝま》れる不自由（以下欠）

　高柳先生宅は町はずれにあり、実家は米穀商をしていたようで、軒の低い建物の前に馬車は臨時停車する。兄は米の商いをするかたわら土木工事の請負もしていたのか、親の代からなのか不明ながら、釜無川堤防の改修工事にあたって収賄の噂があったとする。少年の小林の耳にも入っているからには、村の人々の公然の秘密になっていたのであろうか。釜無川といえば古くから洪水により人々を苦しめてきた歴史があり、「信玄堤」として知られる場所も現在の甲斐市竜王の堤防である。とりわけ明治期においては、二十九年の水害とか、四十年の大水害は多数の死傷者も出るなど、被害は甚大であった。もっとも小林の上京は明治二十一年なのでこの後ではあるものの、工事は常時進められていたのであろう。

小林は礼儀のためもあって急いで立ち上がり、車から降りて高柳先生の出迎えをしようと思ったものの、隣の客に青い毛布の端が敷かれて動くことができない。あまりにも自分の身に余る大きな毛布だと、これまでの祖母の慈愛に包まれて成長したことを意図しているのであろうが、原稿はここで途切れてしまう。青い毛布の思い出を書いていくうち、他のことにまぎれて放置されたのであろうか、活字として日の目を見ないままとなってしまった。

小林一三は日記（昭和二十四年七月三十一日）に、鈴木大拙から渡米前に『妙好人』という著書の献呈があったことに触れ、大拙のすぐれた人間性を称賛するとともに、そこから次のようなきわめて興味深い思い出も語っていく。

それは私を育て丶くれたお婆サンである。七左衛門の妻、ふさといふ布屋本家の、つれ合いで、私の本当の祖母ではないが、私は祖母として、おバアサン〳〵とあまへて育てられて大きくなつたのである。私が東京に留学に出て居る時、十七、八の頃であつたが、甲府の病院で死んだ。東京から近一（此おぢサンの生母）おぢサン夫婦と、一緒に生前にかけつけて、遇ふことが出来たが。此のお婆サンの名前から、私は、長男に富佐雄《ふさお》といふ名をつけて感謝の意を尽してゐるが、此婆サンこそ、ほんとに、妙好人だと思つてゐる。立派な大家の奥方でありながら、実に、慈悲の深い立派な人で、近在隣村の某が『捨子するなら布屋の軒の下に捨てろ、布屋のおかみさんに拾はれるならば、是以上の幸福《シアハセ》のことは無い』と言ふたとかで、それが評判になつた訳でもあるまいが、家の前に捨子が二度あつたそうだ。

可愛そうだからと言つて拾つて育てる、その丶ちその親が隣村の何々といふことが判つたけれど一人は返し、一人は育てあげて、子分の家へ養子にやつたと言ふ話も聞いてゐる。私を育て丶くれた此おバアさん位立派な人は私は外に知らない。仏様でも神様でも我田舎の人格者のおバアさんに及ばないと信じてゐる。私は此おバアさんがあつたので、此おバアさんに育てられて、大きくなつたので、私の今日あるに至つたものと信じてゐる。私の妙好人！

これはきわめて感動的な話で、自分の今あるのは「神様仏様」ともいうべき祖母のおかげで、その恩義に報いるためにも、長男の名前は「富佐雄」として「フサ」の字を入れ、感謝の気持ちとしたというのである。富佐雄が生まれたのは明治三十四年六月の二十八歳、信義に厚いというか、人の情を忘れることのない小林の人間性にあふれた秘話というほかはない。

赴任前には士族の「ブリキ屋」と揶揄していたのが校長の高柳、ところが洋服姿で登壇したのは「若く堂々とした偉丈夫」だけに、想像していたのとの落差に生徒たちはすっかり度肝を抜かれてしまう。米穀商というのは明治維新以降になってなのか、韮崎は武士がいなかったため他国から移住して来たと思われるが、何らかの縁はあったのであろう。高柳家はすくなくとも男二人の兄弟、弟は法律学校を卒業してはいたが、新たな職を得て韮崎小学校の校長として赴任してきたのである。ただ、まだ若い高柳にとっての将来は弁護士として世に出ることで、兄の住む韮崎での校長職は暫

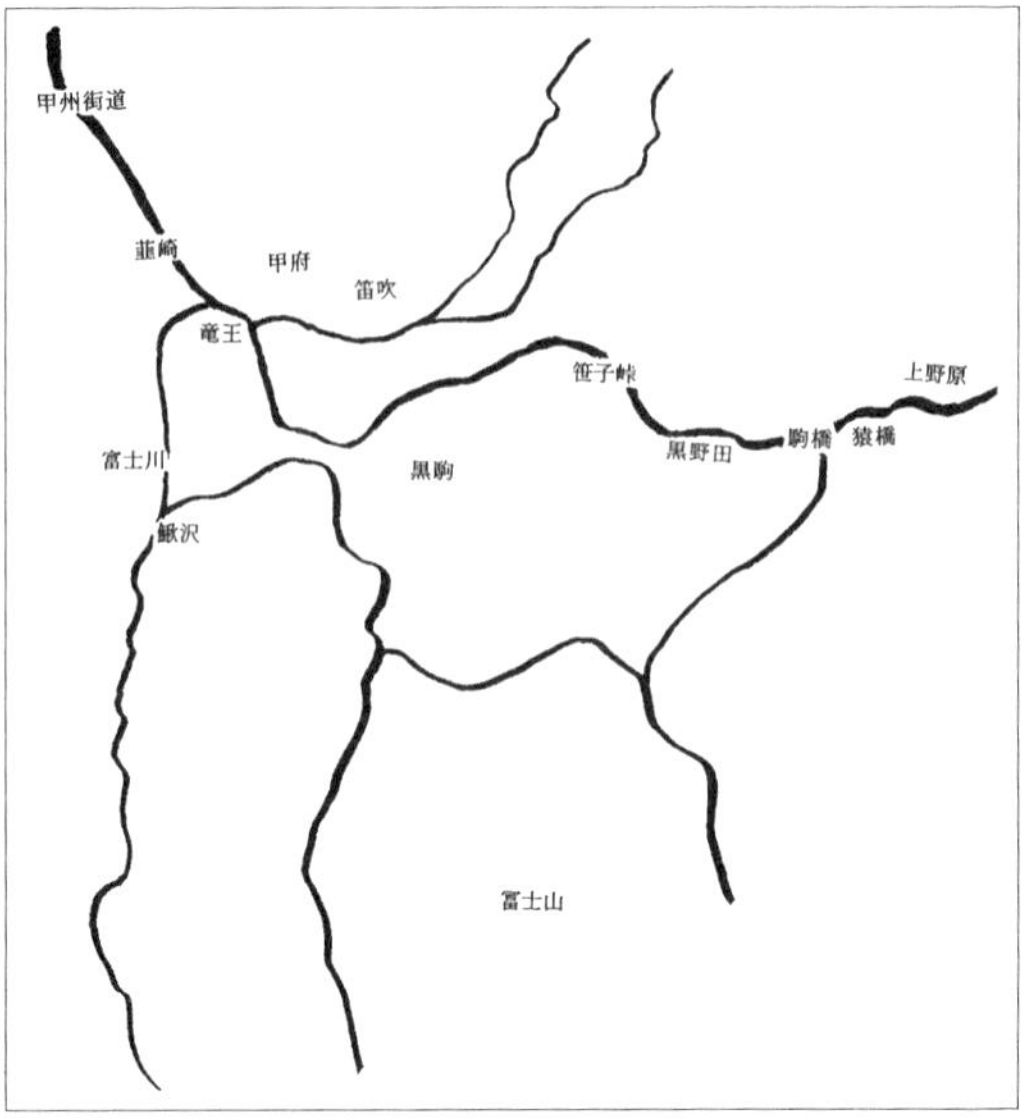

韮崎から東京へ

時の身の世過ぎであったようだ。

　韮崎小学校についてはすでに述べたように、創立は明治六年で百年の歴史を刻む。『韮崎小学校沿革史』によると、初代の校長（訓導）は桜井信冽《のぶきよ》、二代目も訓導として赴任した三河口篤（明治七年六月～八年四月）、三代目は一等訓導の吉見輝、四代目は校長心得の堀内賢之助と続き、七代目の校長心得として高柳富策の名を見いだし、明治十五年五月から十八年九月まで在職している。まさにこの人物が該当し、小林の九歳から小学校高等科を卒業した十二歳の間と知られる。明治法律学校（明治十四年一月創立）を卒業し、ほどなく韮崎の地に住むようになったのか、それでも弁護士への夢は捨てきれず、校長心得職を辞しての勉学であった。そのため、小林が成器舎に移るのと同じような時期に高柳は東京にもどって下宿をし、受験勉強をしていたようである。

　ついでながら、小林一三の上京したコースについて、自らの正確な日記の記述によってたどった道と時間等を知ることができるが、これまでは資料がなかっただけに、例えば小説ながら小島直記の『青雲・小林一三の青年時代』（一九七一年刊、評論新社）には次のように推測する。

韮崎から鰍沢《かじかざわ》まで歩いて、ここで一泊する。そして翌朝早く、富士川下りの一番船にのる。そうすると、岩淵につくのが十一時半ごろで、駅前旅館で朝食をとり、東海道線の一時ごろの上りにのれば、その日のうちに新橋駅に着くのであった。

小林家の主従二人が、どんよりとくもった空の下を鰍沢まで歩いていたのも、その路線をとるためにほかならなかった。

この道程が広く共有された解釈だったようで、阪田寛夫『わが小林一三―清く正しく美しく』（一九八三年、河出書房新社）でも、

当時山梨県韮崎から東京へ出るのに便利なのは、舟で静岡まで岩淵へ下り、東海道線に乗って新橋に向かう方法であった。

とするなど、確かにこの道をたどる例も多かった。ただ小林の場合は、元校長の高柳に連れられ、青雲の志を抱くというよりも、祖母との別離の悲しみから抜け出ることもできないまま、初めての旅立ちをしたというほうが正鵠《せいこく》を得ているかもしれない。

3　慶応義塾への入学

小林が高柳と東京の地を踏んだのは明治二十一年一月十三日、上京の手配をするとか、身元保証人になっている小林近一（義祖母房子の次男）にあいさつにうかがい、その夜は「錦町一丁目十番地、高柳君下宿に泊ス」と、現在の神田錦町に宿をとる。「今夜は我が下宿で旅の疲れをとろう」との元校長先生の高柳の提案に、小林は従ったのであろうか。ここでもう一度、未発表のまま残されている、私《わたくし》に仮に題を付した「青い毛布」の随筆の冒頭を引用すると、そこには思いがけないことばが綴られる。

「可愛らしい書生さん、放《はな》しちや不可《いけない》よ」

と十六の春初て東京へ着《つ》いた其晩、ある女から呼《よば》れた言葉を二十五年経過《たつ》た今日此頃、不思議に思出《おもひだし》て苦笑することがある。其当時の記憶を喚起《よびおこし》て、夢のやうに、とりとめ無《な》い空境《ありさま》を想ひ出すのが愉快で耐《たま》らない。

自分はどうして斯う年齢《ことし》をとつたのだらう。

ある土曜日の朝、夜具布団の押入を掃除する時、古い〳〵色褪た青毛布が椽側の旭光《あさひ》に干《ほ》されるのを見て。

やや衝撃的な書き出しは、効果を意図しての小林の作為なのだろうが、東京に着いた第一夜はすんなりと下宿で疲れを休めたわけではなく、高柳に連れられて料亭に出かけ、芸者を呼ぶ座敷にかしこまっていたようである。高柳は正月明けに東京にもどり、すぐさま仲間を呼び集め、慰労会を神田のあたりですることになり、数えで十六歳になったばかりの小林少年もそのお供をしたという次第なのであろう。酒宴のにぎやかな席で、堅くなって座敷の隅に座る、まだ初々しい小林を芸妓はからかうように声をかけて寄ってくる。そのことばが今も鮮明に脳裏に刻まれ、あのあでやかなにぎわいを回想すると、もう二十五年も経ていることにいささかの驚きもあった。十五の春の昔、今では四十の齢を数え、子供五人の父親ともなっている。箕面有馬電気鉄道の宝塚線も開通し、宝塚新温泉の営業とともに、宝塚唱歌隊を立ち上げ、新たな事業展開に思いを馳せている折でもあった。あわただしく駆け去るような年月、ただ忘れられないのは韮崎を出立した寒い冬の日、祖母の涙を流す顔が思い浮かぶとともに、東京に着いた夜のさんざめきが想念をよぎっていく。その後、高柳は弁護士になったのか、どのような人生をたどったのかは小林も知らないのか、まったく触れないままである。

その夜は高柳の下宿にもぐり込み、一月十四日は「高柳君同道、上の公園、博物館ヨリ浅草、我《あ》婁《づま》、両国橋へ周リテ帰ル。今日ヨリ末広町小林方へ止宿ス」と、翌日は高柳の案内で上野公園、博物館から浅草へ行き、橋をめぐって戻り、その夜からは末広町の小林近一方に起居することになる。初めての都会を目にした小林にとって、見るもの聞くものは何かにつけて驚きでもあったろう。高柳との行動はここまでで、その夜からは末広町の小林近一宅に止宿するようになる。翌日は、「小林氏同道、日本橋ヨリ新橋ノステーシヨンヨリ芝公園より九段坂へ回ハル。神保町ニ丹沢氏ヲ訪フ」と、近一の案内による見物と親族まわりもする。日記の明治三十五年十一月二十九日の条に「銀行を早退け、丹沢敬一君死去せしにより、丹沢以正氏宅へゆく、明日葬式の由」とある丹沢家なのだろうが、数日前から「甲州の丹沢益蔵君」が上京してきたのも、敬一の重篤見舞いだったに違いない。翌十八日には「小野氏」を訪れ、「小野宗吉君ト浅草ヨリ吉原ニ回ハリテ帰ル。同所一宿」とし、二十日には「浅草に写真ヲ取ル」ともする。小野はこれまでも指摘した金六であろうし、宗吉は系譜では確認できないものの、その子息であろうか。このように小林家とかかわる同郷の親族はかなり上京して企業人としても活躍しており、この甲州財閥が後になって小林の電鉄企業の発足には大きな支援母体ともなったのである。

小林が身を寄せた小林近一は慶応義塾入学の保証人であり、祖母房子の息子でもあるだけに、叔父さんとも呼ぶべき存在として親しんでいた。上京すると高柳の場合もそうなのだが、近一に伴われて下町の名所歩き、しばらくはこのような遊びの生活だったようだ。やがて一人で出歩くようにもなったのか、「上京した間際であるから、懐中にはまだ小使銭も多分にあり、軒並客引の写真屋に引張込まれて写した硝子版の写真も思出の記念である。着京すると神田明神下の親戚に居候をして、それから三田の学校に入塾する迄十日間余り、上野から浅草まで鉄道馬車であったか、人力車であったか、或は徒歩であったか、記憶はないが云々」(『私の人生観』)と、上野や浅草のにぎわいに心引かれてもいたようで、そこで写真も撮ったという。これが日記に記す一月二十日の浅草での「写真」を指すと思われる。小林は、その後義塾を卒業して銀行に入った折も、「年は二十一、月給は十三円、三田を出ると直ぐにその翌日から三井銀行は秘書係、重役付の給仕となって、下根岸の親戚に居候をしながら通勤してをった」(『奈良のはたごや』)と、近一邸は小林にとっては便利な拠点でもあった。もっとも、三田を出てすぐさま入行したのではなく、しばらく帰郷して就職していなかったことは記憶のかなたになっていたからであろう。

さらに日記をたどると、一月二十一日は土屋君のもとを訪れたものの不在、二十二日には「同君ヨリ来訪アリタリ。同道湯島天神ニ行キ、帰途土屋君ノ下宿ニ遊ブ」と、土屋も同郷なのであろうか、旧交をあたため、二十九日には「帰国ノ為メ末広町ニ別ヲ報ズ」とし、次の記事は二月四日から書き始められる。小林には親族や友人も多くいたため、上京中の二週間余、小林近一邸に居続けたわけではなかったようだ。この間入学手続きもしたはずで、東京の様相も一応知ったこともあり、当初からの予定ではあったのだろうが、一旦ここで帰郷することになり、末広町の近一のもとにあいさつに訪れたという経緯のようである。韮崎への帰りや、再びの上京はどのようなコースだったのか、連れはいたのかどうか、そのあたりはまったくうかがう資料がない。

『逸翁自叙伝』の書き出しは、

三田通りで人力車を降りて、正面を見上げながら坂をのぼり、義塾の高台に立って、生れて初めて海を見たのであるが、其時、どういふわけか、海は真白く、恰も白木綿を敷いたやうに鈍ぶい色で、寒い日であったことを記憶してゐる。それは今から六十五年前、十六歳の春、明治二十一年二月十三日である。

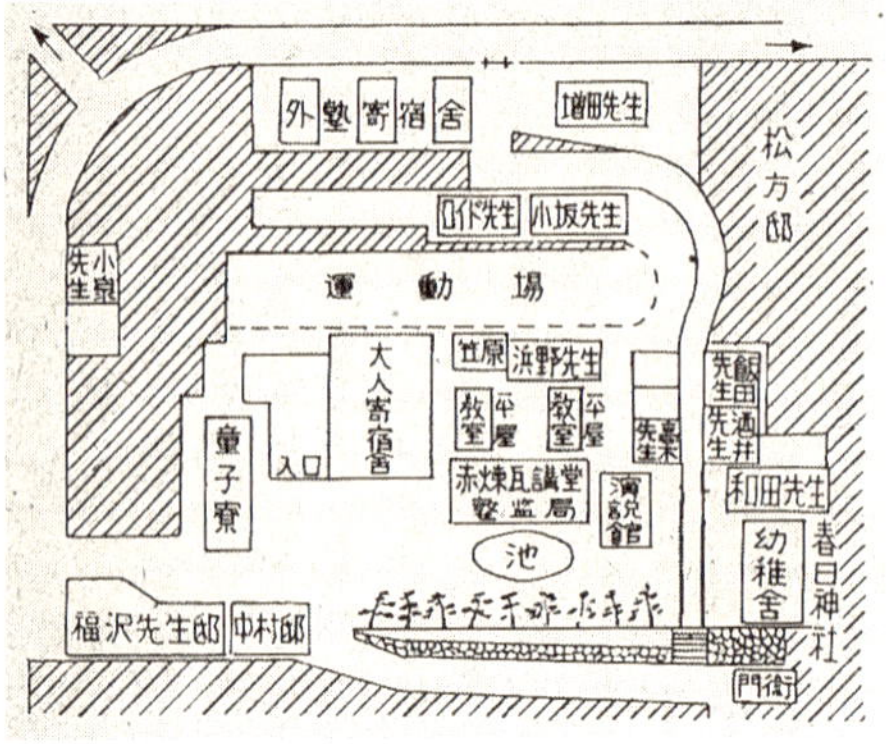

慶応義塾校内（自叙伝）

ときわめて文学的な回想表現をし、タイトルは「初めて海を見た時代」とする。海を持たない山間で生まれ育った小林一三にとって、義塾の正面に立ってふと振り返ったかなたに波濤の海を目にし、故郷を遠く離れた寂しさとともに感慨深い思いがしたに違いなく、寒さがひとしお身にしむ思いがしたことであろう。この記述を根拠にし、年譜では「慶応義塾に学ぶため初めて上京」と二月十三日の項に挿入する。

ただ、これまでもたどってきたように、小林が初めて上京したのは一月十三日、すくなくとも二十九日までは滞在し、上野や浅草などの下町に遊び、帰郷したのは二十九日か三十日かのはずで、「廿九日帰国ノ為、末広町ニ別ヲ報ズ」とあり、小林近一にあいさつに訪れて終わり、しばらく空白となり、次の記述は、

二月四日　雪降、二寸余。
　　七日　一寸余。
十三日　慶応義塾ヘ入学ノ為メ出頭ス。
十四日　入学試験族《ママ》行、予科四番ノ一ニ入ル、

として始まる。

初めての旅は三泊四日、往復しても五日の旅程となるのだが、入塾の手続きや上京後の生活をあらかじめ知るために訪れ、一旦帰国したようである。二度目の東京はいつだったのか、行程などは重複するため省略したのか、すくなくとも二月十三日には義塾への入学のために三田を訪れ、『逸翁自叙伝』の記す坂の上から白い波の立つ海を眺めたという経緯のようである。

時間的な流れからすると、雪の降る韮崎にとどまっていたのは二週間足らず、この行き帰りは誰が同伴したのか、単独ではなかっただろうが、このあたり一切触れることがない。これから東京での本格的な生活という思いもあり、勇躍する決意を込めての再訪だったはずである。

赤煉瓦の講堂の入口から左手の塾監局の一室にて、益田英次先生におめにかかり、それからその日の中に、運動場の前から坂を下った益田先生のお宅に寄宿することになった。その頃は塾の構内に小幡先生、浜野先生等、何軒かの先生の私宅があって、生徒を預ってお世話して下すったものである（『逸翁自叙伝』）。

義塾を訪れた日に即座に入学の許可、というよりもこれは形式的な面接だけで、一月に訪れた折に内定していたのであろう。もっとも日記では十四日に入学試験があり、結果として「予科四番ノ一」に入学となった次第で、益田英次宅に寄宿するのは十四日からであった。ここに記される小幡篤次郎も浜野定四郎も塾長を勤め、益田英次は塾監ともなっているなど、草創期の慶応義塾を支えた人々で、校内に家を持ち、地方の子弟を預かっていたようである。

当時の慶応義塾は一月十一日から四月二十五日までが第一学期、以下四月から七月までが第二学期、九月から十二月までが第三学期という編成であり、予科二年、本科三年からなる。「明治十八年十二月改正」とする『慶応義塾社中之約束』が存し、以後年ごとに部分的な改正を繰り返しながら整備されていく規約が存する。義塾を形成する社中の全員はかなり厳しい「約束」に拘束され、それは教授、塾生ともに課せられる。年は三学期制、期末ごとに試験、進学するにあたってはさらに大試験が課せられ、校長の指示に従うことになる。通学可能な生徒以外は入寮が必要で、入社の際に三円を塾監局に収めること、授業を受ける受教科代は毎月一円七十五銭、前月の末に納付しなければならず、これ以外にも塾の修繕費、月々の月謝は二円五十銭から三円とするなど、詳細な取り決めがなされており、これらの費用はすべて韮崎の本家から別途義塾に送金されていたはずである。「入受生ヘハ一切需要品ヲ供スルコトナレバ、金銭ハ勿論食用品ハ少シモ持シム可ラズ、又帰塾ノトキ菓子ナド持参セシム可ラズ」「入塾ノ生徒ハ要用ノ外独歩門外ニ出ルヲ許サズ」などと、塾の生活はかなり厳しい規律のもとに運営されていたことが知られる。

4　塾での生活

『逸翁自叙伝』の回想によると、

十四日、入学試験を受けた。予科四番の一に編入、左記の教科書を借りた。

ローマ史、ウィルソン第三リードル、グェーキー地質学、ロビンソン実用算術書、漢籍、日本外交史は自弁であった。英語はファロットという年増の肥った女史で、長いスカートを引きずって、いつも廊下に砂ほこりをたてて歩いてゐたのを覚えてゐる。

とかなり具体的に記述していく。

翌十五日は終日唯だウロウロするのみであつた。先生も生徒も講堂を出たり入ったり、雑然として落着かない、結局授業なしで寄宿に帰ると、明十六日から生徒一同ストライキだから登校すべからずと、同宿の先輩から言渡された。何が何んだがサッパリ判らない。夜になって益田先生の代理らしい同宿の一人から「君は此度の規則を承知して入学したのだから、ストライキに参加する理由はない。明日から必ず出席しなさい」と命令を受けた。あとで聞くと何か新規則が発布されたのに対し、生徒一同から反対請願書を提出したけれど御採用がないので、連袂退校といふ騒動であった。私達無関係の生徒と、退校反対の生徒と、教室は七八名の少人数で、淋しい幾日かがつづいた。

入学していきなりのスト騒ぎ、在校生たちは新規則の反対で抗議のため立ち上がったようなのだが、新入生は関係ないのでそれに同調しないようにとの通達、そのため翌日から出席すると、教室には七、八人が集まっているだけだったという。

このように詳細に記録するのも、「其当時の日誌（らしいもの）を見ると、三月二日の夜、四国町に大火、三日は遠慮して授業を休むと記してある。退校騒動で殆んど休業同様に連日のブラブラ遊んで居ったから、益田邸寄宿舎生徒の連中十五六名は退屈でたまらない」と、ここで私が今用いている、新たに出現した十五歳の一月一日からその年の十月まで記された日記を指しており、自叙伝を書くにあたって古い資料を筐底から見いだし、利用することにしたようである。もっとも、小林没後に日記を編集して出版するにあたって、この文庫本程度の日記資料は見いだされることなく、今日まで放置されていたのであろうか。

その該当する日記を見ると、「予科四番ノ一ニ入ル」とした後に、

教科書ハ左ノ如シ

課題　ローマ氏歴史

英語学　ウイルソン氏第三リードル

書取　ゲエーキー氏地質学

算術　ロビンソン氏実用書

漢書　日本外史

益田先生方ニ寄宿ス、十五日昇校、八田君ノ為メ好都合ナリキ、十六日クラス一同新規則不完全ナルヲ以て規則改正ノ請願書差出センガ、採用セラレザルヲ以テ皆退校ス、中ニ三四名不賛成者アリキ、生モ亦其ノ一人ナル故ヘ平常ノ如ク出席ス、

と詳細に記す。「書籍出納之規則」によると、「課業ノ書籍大概ハ之ヲ貸スト雖モ其他ノ書籍及ビ初学ノ読本漢籍訳書等ハ自弁タル可シ、但内塾生ヘハ原書ノ字引ヲ貸スコトアルベシ」と、教科書は

貸与が原則でもあったようだ。ところが入学して早々の二月十六日に新規則への反対でスト騒動、同調しない者や新規に入学した者たちの少人数は、平常の授業を受けることになる。

『慶応義塾勤惰表』（明治二十一年一月ヨリ四月迄第一期）によると、「出席度数トハ本期各科出席ノ度数ヲ合計シタルモノナリ」「平常点数トハ課業ニ於テ得タルモノニシテ各科百点ヲ極数トス」「試験点数トハ期末ノ試験ニ於テ得タルモノニシテ各科五十点ヲ極数トス」「合計点数トハ第一項ノ出席度数ヲ除キ其他ノ数項ノ点数ヲ合計シタルモノニシテコレニヨリテ席順ヲ定ム」「姓名ノ上ニ登級トアルモノハ正科ニ在テハ各科平常点及試験点ノ和其極数ノ八割以上ニシテ、合計点数其極数ノ九割以上、又別科ニ在テハ合計点数其極数ノ九割五分以上ヲ得テ次期ヨリ一段上級ニ入ル、モノナリ」と、かなり厳しい学習態度及び成績が求められた。

小林が配属されたという「予科四番ノ一」というのはクラス分け（一クラス約四十人）のようで、受講したすべての科目の点数が個人ごとに毎期示される。やや煩雑になるが、小林一三の慶応義塾生活の実態を知るためにも、入学した直後の第一学期の成績を明らかにしておこう。

出席度数	一三九	作文点数	三〇	漢書試験点数	五〇
地質学平常点数	四七	地質学試験点数	四八	語学平常点数	六二
語学試験点数	三〇	数学平常点数	五二	数学試験点数	三六
訳読平常点数	四一	訳読試験点数	四〇	合計点数	四三六

合計点数の大きい成績順に名簿は記され、「出席度数」の少ないのは二月になっての入学という

事情によるのか、第二学期では二百六日の出席となっている。このクラスでの最高合計点数者は田鍋亀次郎で七百十四点と他を圧倒し、一人だけ頭に「登級」と付され、次期は上級に進むことが約束されたことを意味している。二学期は小林の合計点は六百、席次は第一期と同じく十五位といったところで、明治二十三年には本科に進み、その三学期を見ると、出席日数は八十三日と百五十日を超す者もいる中では休みがちで、成績も五百十七点と第二十一位に後退している。とりわけこの年度の出席日数はよくなく、第一学期は九十七日、二学期の五月から七月にいたっては七十一日と、かなり休みがちな塾生活であった。

あまり個人の過去の成績をあばくような分析はこのましくないとはいえ、『逸翁自叙伝』にはこの頃について次のように述べているのは、学業とのかかわりがあるのかどうか、興味深いことである。

明治二十三年の春、麻布東洋英和女学校の校長ラーヂ氏が何者かに殺された事件があった。其事件の犯人は結局、最後まで発見されなかったが、私は其事件を新聞で読んだ翌日から執筆して山梨日日新聞に「練絲痕」といふ小説を連載した。三四回つづいた頃に、或日塾監局から一寸来てくれといふ呼び出しを受けて行って見ると、そこに警官が二三人「お前は此小説を書いたのか」と詰問されたのである。取調べの筋があるから麻布警察に同行すると言ふのである。私はブルブルふるへた。塾監局の人達が私の身分を証明してくれ、拘引されなかったがいろいろ根問ひ葉問ひされた。恋愛破綻の空想的筋道を話して許されたが、これより先、山梨日日新聞社の方では、新聞社に甲府警察署から多数の警官が出張して、筆名靄渓学人といふ私を究明

せんと大騒ぎをしたといふので、思ひがけなく飛んだ迷惑をかけた次第から、その小説は九回限りで掉尾にしたが、（以下略）

小説家志望の小林にとって、折角の新聞連載による殺人事件をテーマにした作品ながら、思いがけなくも自分が犯人ではないかと嫌疑をかけられ、完成することなく頓挫してしまった。このように小説に夢中になっていた時期だけに、別の題材に挑戦しようなどと構想を練り、原稿に向かっていたこともあり、出席もとどこおりがちになっていたのではないかと想像もする。進級しても学校へ行くよりも創作にふけっていた日も続いていたのか、毎期それほどかんばしくはないが、卒業する直前の学期はさすがに百四日の出席、成績も四百九十一点を得て及第となった。なお、義塾で所属したのは、予科の一学期は四番の一であったが、二学期は三番の二、三学期は三番の一などとあり、本科では組の呼び名が変わり、三等の二、三等の一、三等の二、卒業前は一等の一とある。

スト騒動は続きながらも小林などは授業に出席していたようだが、三月二日に三田四国町（現在の芝二丁目から五丁目）が火災となり、一帯にも及んで六十二戸が焼失するありさまで、翌日はその影響で休校となる。

退校騒動で殆ど休業同様に連日ブラブラ遊んで居ったから、益田邸寄宿生徒の連中十五六名は退屈でたまらない。演説会を設立して気焔を吐かうといふ先輩に指導されて、会員の親睦を計る為めに鶴鳴会といふ演説討論の会が設立され『本会の目的は』云々と評議し立案し、署名させられた。先づ第一が鴻池新十郎、それから東本願寺の若い美しい坊さん房麿、温麿兄弟、それに附添の阿部慧水師、新潟、秋田、大阪、山梨、福島、北海道出身の人達で、今は殆んど故人になってゐると思ふ。そして毎週一回、夕飯後三時間あまり、演説や討論がすむと、益田先生からお菓子の御褒美を頂戴したものである（『逸翁自叙伝』）。

このように益田邸の者たちは退屈しのぎもあって演説会の鶴鳴会を立ち上げることになる。毎週一回の会合、夕飯後三時間ばかりかけての演説会、寮主の益田英次も聞いていたのであろうか、終ると褒美に菓子をいただきもした。自主的な勉学に、益田はむしろ支援をし、青少年の育成に励んでいたのであろう。

5 鶴鳴会の発足

スト騒ぎのため授業はなかばなくなってしまい、同宿の十五、六人は所在のないまま退屈な日々を過ごすことになる。そのような折、『逸翁自叙伝』の記述をたどると、演説会を設立する声があがり、親睦もあって「鶴鳴会」が発足、週に一度演説や討論をするようになった。折角ならその内容をまとめようと「鶴鳴雑誌」という回覧雑誌も発行するにいたる。そうこうするうち三月七日に学生と大学側との和解によりストは解除、運動場では和睦の大仮装行列がなされる。

夏休みは下根岸の小林近一邸で過ごし、休み明けの九月十七日には益田邸から同じ塾内の敷地にある童子寮に移った。そこは十六室あり、一部屋三、四人の入居者、室長は卒業間近の上級生、そこでも「寮窓の燈」という機関誌を発行していたが、入寮してほどなく小林は投票によって主筆に任命されたという。十八歳に外塾と呼ばれる寄宿舎に移り、翌年の十二月二十三日に卒業の運びとなる。

日記によると、三月三日に「午後六時頃、突然松尾、佐藤両君発起ニ係カリ、生モ賛成尽力シテ、当寄宿舎ニ鶴鳴会ト名ル演説会ヲ設立ス。当夜ハ初夜、否初会ナルヲ以テ事務取扱人ナキヲ以テ雑混、弁士僅少寂漠タル演題会ナリキ、以後本会ノ事務幷ニ規則定製ノ為メ幹事二名ヲ選抜セリ、即松尾君及ビ愚生ニ当レリ」と、初めから盛会であったわけではなく参加者は寥々とした人数、その後規則なども制定して徐々に体制を整え、幹事二人の内の一人に任命されるにいたったようである。

三月七日には、

> 本校ノ動揺漸ク静マリ、和親成リテ大親睦会ヲ運動場ニ開ク、来会者四百名、入場ノ前演説館ニ於テ福沢君ノ演説アリテ後、各々座ヲ占メ立食ノ饗応アリシ、演ズルアリ、歌フアリテ就分（ママ）盛会ナリキ。

と、運動場での大親睦会、演説館では福沢諭吉の演説、その後立食パーティーとなり、宴会はそれなりに盛り上がる。

明治初期は、日本の政治経済のもっとも変革の時代であったといってもよく、さまざまな運動が社会現象としても勃興してくる。下野した板垣退助、後藤象二郎、江藤新平などは、明治七年一月に政府に「民選議員建白書」を提出、高知に立志社も創設されるが、これが明治における自由民権運動の始まりであったとされる。このような動向もあり、慶応義塾を創立した福沢諭吉は明治七年六月二十七日には三田演説会を組織化し、七月一日には第一回の弁論会を開催する。「演説」とか「弁論」は、いわゆる英語の「スピーチ」（Speech）の翻訳語で、福沢諭吉が用いるようになったとされる。新しい時代の主義主張の場として、当時の若者たちは熱狂的に演説の方式を受け入れもし、あまりの激しさに政府は規制に

演説館

乗り出すほどだったという。

三田演説会は当初は会員だけの集会で、広い会場を必要ともしないだけに、塾生に聞かせるときには食堂が用いられもした。明治八年五月には敷地内に専用の演説館が竣工し、初めは討論会の合間に演説もするという進行だったが、やがて演説会だけとなり、会員外にも開放されていった。議題の多くは時事問題で、民権運動の社会的な動向ともかかわってくる。中央大学に弁論部ができたのは明治二十四年、早稲田大学は翌年なので、三田演説会は時代の先進にあったことを知るとともに、建物の演説館は場所を替えているとはいえ、現在も慶応義塾大学の構内の道路寄りに重要文化財として白い壁の姿をとどめる。

このような学内外の演説の風潮もあるだけに、大々的には義塾としての演説会があるにしても、

ささやかながら鶴鳴会は寮生たちの情熱をかきたてたことであろう。スト解除にともなう三月七日の和睦の会は、まず演説館で福沢諭吉が事態の終息にともなう演説をしたようで、来会者四百人というのでその規模の大きさを知ることができる。一方の鶴鳴会は、三月三日のささやかな演説会から十日後、十七日には、

鶴鳴会第二回目ニシテ弁士十六名、最終ニ討論会アリタリ、時に生ノ演題ハ、「今日ノ世中ハ困難ノ社会ナリ」。

と参加者も多くなり、小林みずからも演説に加わる。わずか一か月前に入学したばかりの、十五歳の小林がどのような内容の演説だったのか、他の学生もそうだったのだろうが、やや背伸びした気宇壮大な社会問題に懸命に取り組む姿が想像されてくる。時流のテーマでもあるだけに、弁論内容をまとめるにあたっては、聴衆を意識しながら原稿の推敲をしたであろうし、新聞や雑誌などの時局に関する記事も読み漁ったはずである。弁論はたんに話をするだけでは意味がなく、発声の方法、話しの展開にともなう強弱の付け方、聞き手を納得させながら自説を論じていくなど、昂揚感をかきたてての演技力も不可欠になってくる。後年の小林一三の対社会への活動のありようを見ると、この塾生時代の演説が基礎的な訓練となり、課題を設定するとそれを解決していく方法を模索し、効率的に処理していく能力など、おのずから培われていったのではないかとも思われてくる。

当時の三田演説会の様相をかいま見ると、書写本の「三田演説会誌」（慶応義塾福沢センター蔵）第三号に、

明治廿一年一月十四日発開
第二百七拾五回演説
大器晩成は今の世に不都合なり　山名次郎
成仏せよ　水上熊吉
海戦　渡辺治
米価論　同

などとあり、末尾に「聴衆満堂頗る盛会なり」とする。山名次郎は元治元年（一八六四）生まれ、福沢諭吉の直系の弟子で、後に北海道尋常師範学校長などを歴任、また渡辺治も同年で、「時事新報」に入り、後には「都新聞」の経営をするなど、それぞれの人物は教育界、実業界で活躍していく。三月七日に福沢諭吉が演説館でしたという演説は記録されていないため、三田演説会とは別であったようで、これなどは混乱の終息にともなう学生対策の臨時の催しであったと思われる。演説会は定期的になされていたようではなく、次の二百七十六回は同年九月二十二日、「政治以外の壮士」（小野友次郎）・「容姿論」（渡辺治）・「運命の説」（山名次郎）とあり、翌二十三日には第二百七十七回が催され、「人気之変遷」（青木耕作）・「国家多業論」（山名次郎）等が記される。これについては、説明に「昨夜に引続き開会せしは、一昨日の広告に廿二日を二十三日と誤りしより、外来聴衆の失望せんことを惧れたるに由る」と、二十二日は日付の誤りだったものの、四百人もの聴衆のため急遽開催したのだという。当時の熱狂ぶりが知られるとともに、塾生たちもその動向に反応し、世の中の政治から経済、生活全般にわたる議論に夢中になっていたことであろう。
なお、小林の日記にはこの日の記述が、

（九月）廿二日、同夜三田学術演説会故、時事新報社員ノ演説アリタリ、其ノ題ハ、
政治以外ノ壮士　小野友次郎君
容姿論　渡辺治君
ゆづりあい　菊地誠徳君
運命論　山名次郎君

とあり、さらに「右四氏ニシテ廿三日ニモ広告誤リノ為め開会アリタリ、其ノ題ハ」として「人気変遷　青木耕作」以下の題目と講演者が記され、「三田演説会誌」と同じ内容を示す。この一連の記事を見ても、小林の記録する正確さと姿勢の誠実さを知ることができるであろう。

三田演説会の人気は衰えることなく、第二百七十八回の明治二十一年十月十三日は「学問と健康」（山名次郎）・「獣より魚なれ」（小野友次郎）・「法則にあらず」（青木耕作）・「文章論」（渡辺治）・「生糸に税を課する是非」（伊東茂右衛門）・「食物と快楽の関係」（福沢諭吉）等が演台に立ち、備考に「本日は中々盛んにして、聴者無量六百七八十名に及ぶ、外来の人も随分多く見えたり」と、福沢諭吉の演説があったことにもよるのか、多数の人々が押し掛けただけに、塾内の雰囲気は高揚した気分ではなかったかと思う。もっとも演説館に登壇できるのは小林などの塾生ではなく、義塾を支えた先輩や教授連であった。

三月三十一日の記事に、

例ノクラブ会アリテ、来会社《ママ》デハナイ者二百余名ト見受ケタリ、第一ニ円太郎、一柳、新太等ノ話、茶碗回等アリ、次ニ立食、茶菓ノ煮《ママ》リアリ、終ニ茶番狂言等アリテ全ク散会セシハ十時頃ナリキ、

と、どのようなクラブなのか、この日参加したのは会員以外が二百人というはなばなしさであった。演芸会でもあったようで、当日の出演者は四代目橘屋円太郎、春風亭一柳（明治の落語家として名は残されるが詳細不明）、二代目古今亭今輔といった面々、幕間には茶道なのか曲芸なのか「茶碗廻し」、続いての立食いの茶菓、最後には寸劇のような茶番狂言まである大賑わいで、終わったのは夜も十時になってであったという。

小林は、「幕間」（昭和二十二年八月号）の「初めて見た芝居と寄席」の随筆で、少々長いが次のように回想する。

芝居というものは兎に角田舎でも見られたが、寄席というもの、存在は東京へ来て初めて知つたのである、どこの寄席へ初めて行つたのか、どういう落語、講談、義太夫といつたものを初めて聴いたか見たか、一寸記憶がない。近頃其頃の事を調べて見たいと思つて、古い書物などさがし読みしていると、廿一年一月一日から同年十月十六日とまでの日誌（と言つても時々思い出したやうに書いてある丈である）が見つかつた。それによると、廿一年一月十三日東上、二月四日三田慶応義塾入学、益田先生方に寄宿、三月二日三田四国町大火の為翌三日学校が休

み、三月廿八日夜午後六時より演説館（この演説館が日本に始めて演説するものを試みたという、今でも記念館として現存している）にクラブ会あり出席、円太郎、一柳、今輔、新太という連中の落語、茶碗まはし等を見物して驚いた記事がある。全体クラブ会とはどういう組織であったか、考えて見たが思い出させない。

と、この折の日記を引用して初めての寄席とのかかわりに言及する。演説会のやや硬派の議論に沸騰しながらも、一方ではこのような大衆演芸に触れる機会が学内でも催された。ただクラブについては、どのような性格のものかは記憶がないという。

六月二日にも「午後六時ヨリ慶応義塾クラブアリテ、新朝、円太、□柳《ママ》、燕枝等ノ落語アリテ、中入ニナリ喫菓茶ノ後、慶応亭（塾ノ生徒）ノ楽奏アリ、其後円朝ノ来ルハヅノ処、却々ニ依テ新顔ノ落語アリテ、最終茶番アリシ、散会セシハ十一時」と、慶応義塾クラブは演芸大会のような存在で、ここでは塾生による慶応亭と称する一団の演奏もあったという。

この種の演芸に関しては、『自叙伝』に、

明治二十一年十六歳の時東京の学校に移ってから、どこの劇場でどういふ芝居を見たかこれ又記憶はないが、歌舞伎座が新築され其舞台開きを郷里の親戚の人につれられて見物したことは能く覚えている。それから後、歌舞伎座に団十郎や菊五郎の芝居を時々みるようになって、芝居の面白味を満喫する文学少年時代が来たのである。

とも記す。「郷里の親戚の人」とは、保証人となった末広町の俳句も嗜んでいた小林近一で、一月十三日に上京して後、諸方を歩いたことはすでに引用した通りながら、ただ歌舞伎座の開場は明治二十二年になってなので、このあたりは記憶に混同があるようだ。

6　文士としての登場

同寮の塾生とは親しく交流しており、四月一日に「同窓ノ友ハ九名ト円次君ノ先導ニテ小川郁ニ魚釣ヲ試ム、一ツノ雑物ナシ、帰途品海ニ遊ブ」とあり、小川は現在の町田市か、帰途は品川（「品海」とする）の海で遊んだとする。このような記事は日記にもしばしば見いだされ、

四月二十八日　正午、品海ニ散歩シ採貝ノ遊ビヲ試ム。

五月二十日　同窓生徒十三名、余ト町田先ノ海水浴ニ於テ茶話会ヲ開ク、就分《ママ》愉快ニシテ真ニ親睦ノ媒介者タルノ如キ感アリタリ、

五月二十六日　午後友人五名と品海ニボートをし向き途、砲台ノ端ニテ小児ノ首ノ水中ニ浮流スルヲ見ル、

六月二十四日　生徒大半品海ニ釣舟ニ行リ、各別《ママ》ノ獲物ナシ、

などと、おぼれる子供の事件も目撃したようだが、人々との遊興に楽しむ姿が描かれる。このあたりは『逸翁自叙伝』にも回想されており、「童子寮の記憶は江の島、鎌倉に遠足した時、七里ケ浜の大海原を見て、風もない好天気に、どうしてあとからあとからと真白い波濤が寄せて来るのかと、

其理由が判らない」などとする。

翌四月二日は演説館で音楽会があり、来会者は外国人五、六十人、日本人は七百人余の貴女紳士に及ぶという大盛況で、「ピヤノ　スクワイヤー女」「ピヤノ　フワロット女ト福沢、福沢姉」「ピヤノ　福沢姉妹」「琴　同」「話　岡君」などと、慶応義塾ゆかりの人々の演奏とか公演会だったようで、福沢家の人々も参加していた。とりわけ福沢家は家族でピアノを楽しんでいたようで、フランス製の名器が今も残されるという。福沢は四男五女の大家族、娘は長女の里以下、房、俊、滝、光の五人、その姉妹がピアノや琴を披露したというのである。塾生も必死の思いで見つめていたのではないだろうか。

童子寮は十七、八歳までの少年の共同生活、機関誌「寮窓の燈」を出すようになったものの、会費ではまかないきれず、不足分は毎月福沢先生のもとに二十円をいただきに行く習慣になっていた。人の話によると、福沢邸を訪れるとさまざま質問されるので困ると脅かされ、主筆になった小林は補填費用をもらいに行く勇気がなかなか出なくて困ったともいう。この寮の部屋は、明るい風通しのよい部屋と、暗い部屋と、便所に近い部屋があり、そのため半年ごとに籤引きで部屋替えをしていた。とりわけ一番理想とする部屋は二階南端の十六号室で、ここからは福沢先生の玄関や勝手口が見えるのだという。『逸翁自叙伝』によると、

先生が毎日馬車に乗ってお出かけになる時は直ぐ判る。実は先生を送迎するのが目的ではない。もしかすると先生の同乗して居られるお嬢さん二人、志立さんの奥さんになられたお嬢さ

んは其頃十六七であったらう。小肥りに血色のよい潑剌たる洋装の女性で、今日でも恐らく現代的美人の標準であるかもしれない。その妹のお光さんは潮田工学士の奥さんになられたお方で、現在の潮田塾長のお母さんである。お光さんは優さ形のおとなしい、しとやかなお嬢さんのやうに記憶してゐる。この二人の女性のお姿が現れると、十六号室の南窓には数十人が押すな押すなに集って来る。

と、同じ年頃の娘に少年達は羨望の思いで見つめていたことであろう。音楽会でも、遠く離れた後部席から、四女の滝や末娘のお光の姿を小林も追い求めていたに違いない。「初めて海を見た時代」の末尾に、「三田生活五ヶ年間の同窓者の大多数は、今や幽明境を異にしてゐる。生き残ってゐる私は来年は八十歳だ」とするが、この福沢姉妹を一目見ようと寮生の押し合った姿は、いつまでも脳裏から消えることはなかったようだ。

鶴鳴会は順調に進められ、第三回の四月七日の小林の演題は「書生諸君ヲ吊ス」とやや激した内容、第四回の四月二十一日は「日本ノ英雄ヲ論ズ」とする歴史物、このような推移のもとに同僚の提案により「鶴鳴雑報」の雑誌を発行し、さらには「鶴鳴新誌」とする新聞まで編集するにいたる。これについて、四月二十四日に「廿三日夜、松尾、井村、佐藤君等ヨリ鶴鳴雑報と名付る雑誌を発行セリ。また石沼君ヨリ鶴鳴新誌と名付ル新聞ヲ発行ス、両方共就分《(ママ)》好尚ニシテ、自ラ鶴鳴会ヲシテ盛大ナラシムルノ一源因《(ママ)》アルモノナラント、余輩等ノ此ノ会ヲ設立シテヨリ月尚ホ浅クシテ、斯ル盛大ナル演題会ヲ見ルに至リシハ真ニ像外《(ママ)》ニ出ケリ」と、演説だけではものたりず、さらに表現の手段として文章にして発表する方法をとる。これらの編集発行の実績により、童子寮でも小林は「寮窓の燈」の主幹にも推されることになったのであろう。ここに登場する同寮の一部は、鶴鳴会の会員として日記に記す「神戸人、松尾哀蔵君」「高崎人、井村傅君」「越後人、佐藤弘君」とするメンバーだったようである。

鶴鳴会での小林の演説のタイトルについて、四回以降も列挙しておくと、

「鶴鳴会ノ隆盛ハ諸君ニアリ」（臨時　四月三十日）
「読日本政記」（第五回　五月一日）
「桜　演説の切用」（「切要」カ）（第六回　五月十九日）
「社会ト道徳トノ関係」（第七回　六月二日）
「テーブルノ記」（第八回　六月十七日）
「夏中休ミヲ如何センカ」（第九回　七月八日）
「政治以外ノ壮士ヲ聞テ壮士ヲ評ス」（第十回　九月二十三日）

などと意気盛んな姿を示す。小林の十五歳の日記は一月一日から十月五日まで記され、そこでとぎれてしまっている。出版された日記は十年後の明治三十一年一月一日からなので、十年余の空白となる。この間、まったく記録をしていなかったはずはないので、何らかのメモでも書いていたと思われるのだが、現在の段階では残念にも見いだすことができない。

わずか十か月ばかりの日記ながら、ここには寮での生活や義塾での授業などの身辺だけではなく、

四月三十日の項には「本日内閣ニ大改革アリテ、枢密院ヲ設立シ、前内閣総理大臣伊藤博文公、同院議長トナリ、前農商務大臣黒田清隆公総理大臣ニ栄典シ、其他諸伯モ種ノ転任更迭アリタリ」など、人々の関心も高かったのであろう、政府の改革についても言及する。さらに七月十五日には「本日十時頃、会津磐梯山噴火セリ、大害実ニ云フ可カラク死人百六五強名」と、水蒸気爆発により小磐梯が崩落し、五村十一部落が埋没するという大災害についても記録する。八月二日には「昨夜人魂ト思ヒシハ、全ク大ナル流星ナリシコト内務省属官報ニアリシ」といったことにまで関心を示す。

『慶応義塾年表』によると、明治二十二年十月二十日に旧童子生有志により協研社を結成、その発会式が演説館で催され、機関誌として「協研余誌」を創刊し、二年後の三月には「潜竜」と改題したとする。その第四号（明治二十三年十月）に小林は「靄渓子」のペンネームで「今年の農民及び方策」の原稿を書いている。「靄渓学人」として「山梨日日新聞」に「練絲痕」を書いたのは同じ年の四月であった。この題目からすると、鶴鳴会での演説の内容と思われるが、かなり青年らしい意気軒昂とした論調である。冒頭は唐李紳「憐農」の「禾《か》を鋤《す》きて、日、午《うま》に当たり、汗は禾《か》の上に滴《したた》る。誰か知らん盤中の餐《さん》、粒々皆辛苦」とする句を引く。「畑を耕していくうちにすでに昼となり、汗は稲の上にしたたり落ちる。しかし食器に盛った御馳走は、一つ一つ農民の辛苦によって作られたことを誰も知らないであろう」と原文を引き、寒くても炎熱であっても、農民は田畑を耕し、粗衣粗食で過ごしながら、収穫した農作物や山海珍味は貴人紳士のテーブルを飾ることになる。このようにかなり激したことばが続いていたのか、途中三か所にわたって伏字にするといったありさまで、福沢諭吉の『学問のすゝめ』（明治五年）の「天は人の上に人を造らず、人の下に人を造らず」の思想が背景に横溢する。短い文章ながら、末尾は「余輩は此の豊作を祝するが故にこの悲あり。万歳を唱ふるの中に幾多の憐みを含むなり。農民万歳、あゝ農民の万歳を歌ふべし」と、農民への賛歌で演説文を終わる。

「協研余誌」は、福沢諭吉の演説とか尾崎行雄の論説などとともに、義塾の規則から随筆、俳句、漢詩なども収める総合雑誌といってもよく、小林も協研社の発足とともに参加したはずで、巻末の維持費納入者に「一金五拾銭　小林一三君」とその名を見いだす。原稿には本名を表示する者もいれば、「青山生」「成雲居士」「善悟道人」「琴泉逸人」などとするのは、当時の文士の流行でもあるだけに、小林としてもこれ以降も折々に工夫した筆名を用いるようになる。第五号（明治二十三年十一月）では「靄渓　小林一三」とし、「鴻台雑吟」とする七言絶句の漢詩を連ねる。「鴻台」は下総の国府台地、現在の千葉県市川市で、義塾の遠足で訪れたのか、その感慨と道中を漢詩にする。「首途口占」として旅立ちのことばから始まり、読み下し文で示すと、

天高ク気朗ノ興窮《きはま》リ無ク
野色人ヲ促シ遊意充《み》ツ
鴻台ノ古戦跡ヲ訪《おとな》ハント欲シ
遠ク吟杖ヲ携ヘ帝都ヲ東ス

といったところで、すばらしい天気と野原に導かれるように、漢詩を口にしながら鴻台へ向かって都心を離れていくという。絶句の常道に従い「窮」「充」「東」と一二四句は韻を踏む。この句に対して「雪雁曰ク　健羨《けんせん》々々」とするのは、「雪雁」なる同僚の批評なのであろう、この後にも感想を述べる。以下「途中偶吟」「到市川渡」「市川津」「市川客舎」として市川で宿泊、「市川早発」「鴻台」と続く。市川の宿では「夜半忍ビヤカニ聞ク雁ノ過《よ》ギル声ヲ　寂々タル寒窓孤《ひと》リ睡《ねむ》ラズ」などと類型的な表現をするものの、かなり漢詩には習熟していたと知られる。同じ欄に「楓橋　市川鴻」と、ともに参加した市川鴻による漢詩「鴻台懐古」があるなど、生徒達は遠足吟を競作したようだ。

編集後記に相当する「社告」に、「同（十月）十八日、本社遠足会を催す。此日千葉県市川に一泊、十九日詰旦鴻の台の城趾を訪ひ、更に東して八幡の森に出て、迂回して市川に帰り、行徳《ぎょうとく》より船を蹴て刀水を下り、堅川《たてかわ》を上り大川に着したるは夜七時なりき。一行十五名」と、当日の行程を詳述する。宿を早朝出立して鴻台を訪れ、市川の「八幡の藪知らず」として知られる八幡の森（立ち入ると戻れなくなるという伝称）に赴き、行徳から利根川（刀水）を下り、堅川（墨田区と江東区）をへて隅田川（大川）に至り、戻ってきたのは夜の七時になったという。この一行の一人に小林一三も加わり、漢詩を詠み、雑誌の掲載作品として採用されたのであろう。

小林は書く行為に逡巡などなく、筆を執って紙に向かうと自らの思いや行動をたやすく記す習慣がついており、むしろ想を練って創作することに喜びを見いだしてもいたはずである。とりわけ鶴鳴会に加わり、「寮窓の燈」でも編集を担当するようになると、演説の構想を練り論理の展開を思考するなど、ますますその才は磨かれていくことになる。
小林が三井銀行に入行し、大阪支店から名古屋支店に移ったのは明治三十年一月（二十四歳）、そこでもすぐさま「名古屋銀行青年会雑誌」の編集にかかわり、第二号（十一月）には会員演説として「為替の作用」を講じ、その内容を掲載する。三十二年八月には貸付係長として大阪支店への転勤となるのだが、この雑誌の八号（七月）には「雑報欄」に「送小林一三君辞」とする「随流生」による一ページの記事を見いだす。

翠《みどり》滴《したた》る青葉かくれに山時鳥の一声高く雲井に名告る時、三井銀行名古屋支店員小林一三君栄転して大阪に勤務せらる、事とはなりにける。（略）
名古屋に於ける唯一の銀行青年会として、今や意気大に昂《たかぶ》れる我青年会の産る、に際し君の大に尽すところありしは、吾れ之を聞けり。熱誠《ねっせい》倦《う》まず其保育に労して善く今日の盛況を見るに至らしめたるもの、君の与《くみ》して尠《すくな》からざるは我れ之を知れり。偶《たまたま》雑誌部に主事として精励事に従へりし杉野喜精君の病を以て任を辞するや、其後を承けて専ら編輯の事を主《つかさど》れるもの、又実に君なりしなり。君の青年会に於ける因縁何ぞそれ深きや。（略）
君の事を雑誌に主《つかさど》るや流暢明快の文を以て縦横無尽に其才筆を揮《ふる》ひ、最も直截《ちょくせつ》に最も真摯《しんし》に忌憚なき論評を逞《たくまし》ふして人をして快哉を叫ばしめ、他の言はむと欲して未だ言ひ得ざる所のものを容易《たやす》く言て気焔万丈殆《ばんじょうほと》んど長虹空に横はるの概あり。（以下略）

ここには送別の世辞があるにしても、小林一三の名古屋時代の活躍ぶりを明瞭に語っている一文ではあろう。名古屋支店の青年会の活性には不可欠の人物であり、会そのものの発足に尽力するとともに、雑誌の編集主事として活躍したさまを活写する。とりわけ小林の流暢明快な文体は称賛に値したようで、これなどは本人のもっとも得意とする分野といってもよく、早くから作家になりたいとの面目の躍如とした姿であり、それを醸成したのが鶴鳴会でもあった。

三　小説家への夢

1　十七歳の小説「練絲痕」

レニス嬢と大森安雄のむつまじい仲、相愛の二人は互いにエンゲージリングを交わしていながら、頑固な父レニス神父は認めようとしない。ボストン神学校の教師であったレニス神父が結婚したのは二十一歳、翌年娘が生まれ、伝道会社設立のため日本に訪れたのは明治十三年のこと、今年は四十歳になる。一人娘のレニス嬢と夫人との三人家族、東江学校と東江女学校の創立者でもある。大森はその生徒、十歳の年に入学して以来神父夫婦の信頼も厚い二十三歳になった青年である。ところがある夜のこと、レニス神父がベッドで殺害される事件が勃発し、夫人の涙ながらの犯人像の証言によると二十二、三歳ばかりで色白の男と答える。

翌日の新聞には事件が報道されるものの、犯人はなかなかつかまらない。それから十日過ぎ、大森は上州宇都宮の実家から兄が危篤との知らせにより、二十日ばかりの猶予をと告げ、悲しむレニス嬢を残して帰国してしまう。その後何の連絡のないままの日々、レニス嬢は泣きながら待ち続けているところに兄が亡くなったとの手紙、ほどなく大森は上京してともに箱根に滞在、そこに警察が大森に任意同行を求めてくる。この後、大森は犯人として検挙されたのか、レニス嬢との関係は、などと気のもめるところながら、何の説明もないまま小説「練絲痕《れんしこん》」は第九回の「嫌疑」で「完」として終わってしまう。

大森が国に帰るにあたって、レニス嬢との別離の場面の一部を引用すると、

練絲紛々、解けやらぬ千草の恋は、果敢《はか》なくも涙の中に曇り来りぬ、嬢の問に斯く答へたるは大森安雄なり。嗚呼《ああ》又浮世は花に嵐、月に群雲《むらくも》、是非もなき、斯くとは知らで浅からぬ、恋の渕瀬の波越へて、乗り出したる吾妻橋、互の思果しなき、恋の暗路に迷ふ身の、うれしき夢を結びつゝ、帆かけし甲斐も情けなや、

と、掛詞と縁語仕立ての美文調の連綿と続く文体、明治二十二年に出た尾崎紅葉の『二人比丘尼色懺悔』以上の美文調で、近松の浄瑠璃の語りが底流にあり、西鶴本の影響なども存するのであろう。

ここに引いた「練絲紛々」によって作品のタイトルとしたようだが、後に述べるように、この作品を復刻した宮武外骨の「序」に「練絲痕」は「無垢《むく》女のキズといふ義か」とするようにやや難解な用い方をする。「練糸」は「柔らかく光沢の絹糸」の意、そこに残された傷跡というのは、清純でひたすら婚約者を思慕するレニス嬢に、ぬぐえないしみのようについてしまった大森の汚れた影とでもいえるであろうか。作品のこの後の展開は推測するしかないが、結婚に反対するレニス神父さえいなければとの思いから、犯行に及んでしまった大森、完全犯罪を目論見ながら徐々に身辺に

嫌疑のまなざしが迫り、ついに逮捕されるという結末になるのであろうか。無垢な乙女のレニス嬢は、それが生涯の汚点として消し去ることもできないままになってしまった、といった見通しもできよう。レニス夫人が、警察の事情聴取で「二十二、三で色が白い方」と答えながら大森をにらむ姿は、その後の展開を暗示するようでもある。

小林一三が初めて公表したのがこの「練絲痕」で、「山梨日日新聞」に十七歳の明治二十三年四月十五日から書き始めた。四月四日に東京麻布東洋英和女学校校長ラーヂ氏が殺された事件が勃発し、それが新聞に報道されたことが、小林の小説執筆の直接のきっかけであった。結局犯人は不明のまま推移したようだが、小林はそのようなりゆきはともかく、新聞で知るとすぐさま翌日から書き始め、新聞社に連載を依頼したようである。当時は原稿を書くことに意欲を燃やし、将来は小説家になろうと情熱をたぎらせていたころだけに、蓄積してきた文体表現と、読書に耽って羨望の思いを抱く尾崎紅葉の姿が念頭にあったのかも知れない。

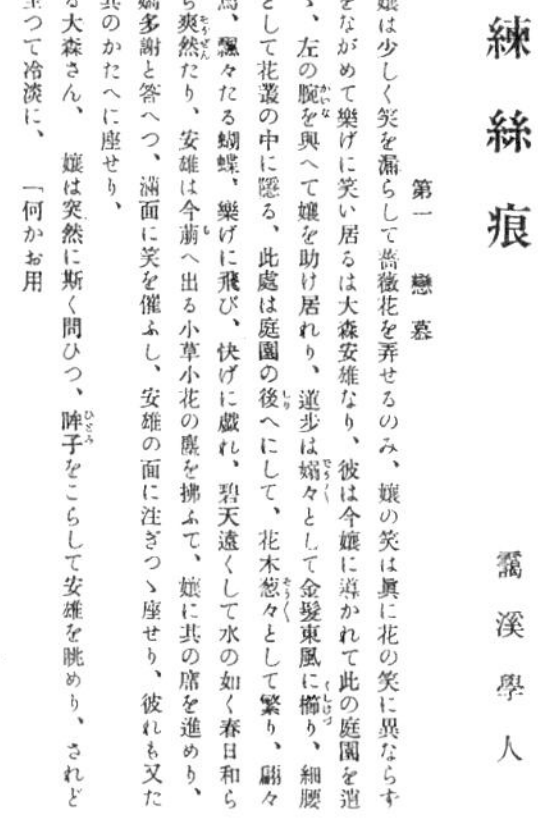
練絲痕

靄溪學人

第一　戀慕

レニス孃は少しく笑を漏らして薔薇花を弄せるのみ、孃の笑は眞に花の笑に異ならず花の笑をながめて樂げに笑い居るは大森安雄なり、彼は今孃に導かれて此の庭園を逍遙しつゝ、左の腕《かひな》を與へて孃を助け居れり、運歩は嫋々《でう〳〵》として金髮東風に櫛《くしけづ》り、細腰は纎々《せん〳〵》として花叢の中に隱る、此處は庭園の後《しり》へにして、花木葱々《そう〳〵》として繁り、翩々たる小鳥、飄々たる蝴蝶、樂げに飛び、快げに戯れ、碧天遠くして水の如く春日和らかに自ら爽然《そうぜん》たり、安雄は今蕭《し》へ出る小草小花の塵を拂ふて、孃に其の席を進めり、鶯語《あう》一嬌多謝と答へつ、滿面に笑を催ふし、安雄の面に注ぎつゝ座せり、彼れも又た笑いつ其のかたへに座せり、

愛する大森さん、　孃は突然に斯く問ひつ、眸子《ひとみ》をこらして安雄を眺めり、されど安雄は至つて冷淡に、　「何かお用

一

「練絲痕」冒頭

ところがこの新聞小説が警察の目にとまり、甲府警察から筆名の「靄渓学人」は真犯人を知っての執筆ではないかとの嫌疑により事情聴取となり、結果として九回で連載は打ち切りにしてしまう。

この騒動の後日譚として、『逸翁自叙伝』に、

六十三四年後、友人の宮武外骨君の仕事場である東大の新聞研究室で、外骨翁に此追憶談をしたところが、直ちにその新聞紙を探し出して送ってくれた。一読して其拙づいのに驚いた。如何に若気の至りとは言へ、こんなものを書いて、それで小説志願者であったといふ過去を顧みると、何と無茶であったかと、苦笑せざるを得ないのである。

と述べ、外骨はすぐさま該当する新聞を探し出し、小林のもとに送ってきたというのである。外骨はこれを復刻することにし、そこには自ら「練絲痕　序」を書き、本文の掲載とともに、巻末には柳田泉が「練絲痕の読後に」とする一文を寄せる。宮武外骨はジャーナリストとして、また明治文化史研究家としてよく知られた人物で、その膨大な収集資料は現在東京大学の近代日本法政史料センターの「明治新聞雑誌文庫」として所蔵される。小林一三が宮武外骨の研究室を訪れてたまたま少年時代の新聞小説に話題が及び、それは興味深いことという展開になったのであろう。

これは宮武外骨の編集した「公私月報」第四十七号付録（昭和九年八月）として一冊となり、第一回から九回までのすべてが採録され、「序」として、

阪神急行電鉄会社社長、東京電燈会社社長、東宝劇場会社社長として時メク小林一三、号逸山、甲州の人、此逸山先生が十八歳の時、即ち明治二十三年四月、慶応義塾通学中、郷里甲府の新聞社に寄せた新作小説、当時著名の怪事件であった外人ラーヂ殺しを題材とした練絲痕（無垢のキズといふ義か）靄渓（IK）学人である。（中略）

昭和九年七月十四日土曜日の午後

東京帝国大学明治新聞雑誌文庫に於て記す　再生外骨

とし、続けて実際に起こった事件の概要と「山梨日日新聞」の連載（明治二十三年四月十五日〜同二十五日）中止にいたった事情を記す。明治二十三年四月四日の夜、麻布鳥居坂の東洋英和女学校校長イー・ラーヂ女史の夫で宣教師アメリカ人チー・ラーヂが兇賊に殺害された事件で、真相についてさまざまな風説があったが、警察としては娘の情人を犯人として密かに捜索をしていたという。それを靄渓学人が、十日もたたないうちに小説として発表したため、麻布警察署の刑事巡査が新聞社に事件の内容を知る者として照会するとともに、本人の下宿にも新聞を持参してしつこく詰問してくる。結果として新聞社は掲載の中止を申し入れ、小林は続編の腹案がありながら九回で「完」とするにいたった。

このようにして連載された小説の九回分すべてが示され、その後に柳田泉が次のような批評を記す。

この小説を書いたときに、作者靄渓学人は十八才であつたといふ。この小説は最初からこれを条件として読むべきである。

時事もの、ラーヂ殺しを扱つたのは、際物とはいへ、先づ機敏とほめてい丶であらう。而かもそれの扱ひ方が、事件の経過乃至探偵の一点張りでなく、想像で事件をぼかして、人情の分解から筋の運びをつけやうとしてあるのは、着眼としては悪くない。事件も、たゞあつさり出してあるのは先づいゝ。万事をレニス嬢の意を中心に描いて行かうといふのは、十八の少年としては、一寸マセた行き方だ。

このように作者は十八歳ということをまず前提にして読む必要があるとし、事件の作品化の方法、展開について称賛する。「たゞ若い人の作だけに、その筋の運びが恐ろしく気が短かく、又行きとゞかない」とし、大森が下手人と疑われる理由のあいまいさがあると指摘しながら、「この作者が若しこのまゝ小説道に入つたら、勉強次第では或は明治文学華やかなりしころの紅（尾崎紅葉）露（幸田露伴）逍（坪内逍遥）鷗（森鷗外）とは列伍されぬまでも、十指のちに《(ママ)》は入る大物となつたかも知れない」と、その才能を評価する。それと探偵小説がこの頃から出はじめたのと、偶然ながら硯友社の探偵小説家中村花痩の作風に似ているともいう。

小林は、六十三四年後に外骨に会って回顧談をしたところ、すぐさま新聞を探し出して送って寄こしてくれたとするが、これは年代的に記憶の間違いがあるようだ。第一に外骨が「公私月報」の付録として『練絲痕』を発行したのは昭和九年八月、発表されて四十四年後になるため、ふたりが出会ってこのような話が出たのは小林が六十歳ばかりの頃のはずである。それを知る資料として、近藤印刷所（東京市小石川町）から「宮武様」とする「練絲痕請求書」が残されており、そこには「練絲痕本文」「印刷代」「紙代」「表紙印刷代」（両面）などとして金額が記され、日付は昭和九年七月二十七日となっている。さらにこれに関連して、「手がふるへ《(ママ)》ので鉛筆がき」と端書きをした「八月四日　外骨」とする一枚の手紙があり、そこには、

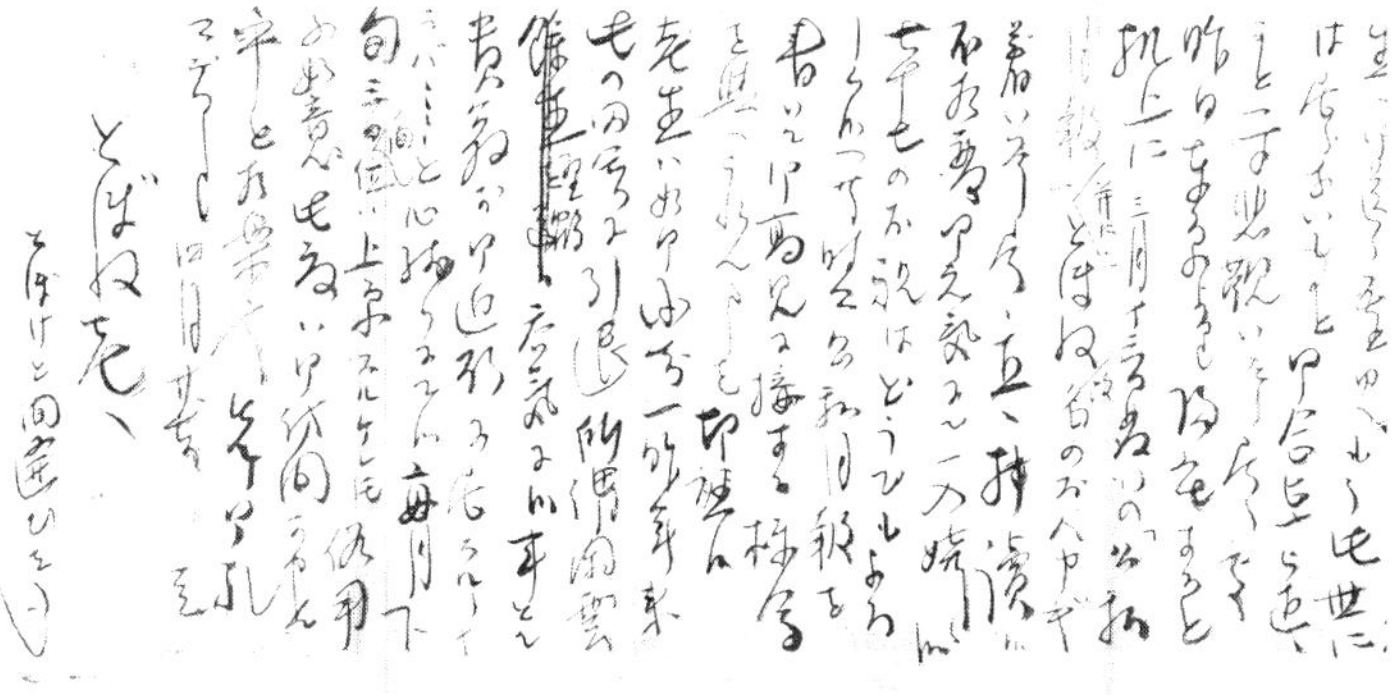

外骨宛小林書簡

練絲痕ハ公私月報と共ニ御頒布下さッた方がイヤ味がなくてよからうと思ひ、此方の宣伝ニも好都合とぞんじ(勝手ながら)各百部ヨブンに印刷いたしました。……

　日曜日は魚つり不在　小林逸山先生

と記される。そうするとこれは昭和九年八月四日の宮武外骨の手紙のようで、「公私月報」で出版することになったため、小林がすこし余分に印刷して自分のもとに送ってほしいという依頼をしたのであろう。外骨は印刷所からの証拠としての請求書を送って見せ、ここから百部の代金を支払ってほしいとの説明をしたことになる。外骨は「頒布」と述べているが、小林は届けられた『練絲痕』は知人等に配布したようである。

　また、宮武外骨の研究家として知られる吉野孝雄の、丸尾長頴(宝塚歌劇の劇作家、「歌劇」の編集長)から依頼されたとして、小林の執事をしていた小野幸吉に送られた手紙が存し、そこには、

　私の調査によれば逸翁と外骨は遅くとも大正元年には知り合っていて、外骨が大阪で発行した日刊新聞「不

二」に援助を与えています。逸翁の浮世絵蒐集の鑑定を外骨がやっていたことも充分考えられます。その後の交際については不明な点も多いのですが、昭和九年に会っている記録があります。また、同封の手紙の内容からも、晩年も交流があったようで、時々会うこともあったようです。（昭和五十四年十月八日受信）

とあり、二人には早くから深い親交が存したこと、「練絲痕」を復刻する昭和九年にも出会っていた記録が残されるとする。この折に送られてきたのか、小林が外骨に宛てた昭和十八年四月二十八日、昭和二十八年八月二十日、同年十月二十三日付けの三通の封筒と手紙も存する。小林の個人的な関心による新聞の複写や調査を外骨に依頼しているのもあり、二人の親密な関係がこれによっても知ることができる。

2　文学青年としての活動

小林は明治二十五年十二月二十三日に慶応義塾を卒業し、翌年の一月から三井銀行に勤務することになる。暮に故郷の韮崎に帰り、正月早々出立して鰍沢《かじかざわ》に一泊し、翌朝一番の船で富士川を下り、途中船が座礁をして友の船に助けられながら午後二時頃に岩淵に着く。一般的なコースとしては、十一時半に岩淵着、駅前で昼食をし、一時頃の列車に乗るとその日の内に新橋まで行けるというのが、甲州から東京への最短距離であった。このようなことから、小林一三が十五歳の初めての東京行きも、この旅程で従来は考えられていたのである。小林は熱海の親友のもとで二三日遊んで上京するつもりでいたのだが、それがずるずると滞在したまま延びてしまい、一月二十日の卒業式も三井銀行に出勤することもしないままになってしまう。

慶応の先輩の渡辺治（台水）は、福沢諭吉の創刊した「時事新聞」に勤め、後に「都新聞」の主筆になるのだが、明治二十二年には「大阪毎日新聞」の主筆となり、翌年には衆議院議員、さらに大阪毎日新聞社長として迎えられる。小林は当時「上毛新聞」に「お花団子」という時代小説を三十三回にわたって連載していたこともあり、新聞社への就職を希望していた。渡辺も「都新聞」に移れば小林を入社させるという話だったようだが、渡辺は大阪から離れることができなくなり、この計画は潰れてしまう。小林としては、銀行からの催促がありながら、ぎりぎりまで新聞社に期待を寄せて熱海でぶらぶらと過ごしていたようだが、結局希望する進路は絶たれてしまう。煮え切らない小林の態度を友人が叱責したことで、やっと上京して四月四日から三井銀行に出勤するようになったという。小林にとっての熱海滞在の三か月は、運命を大きく変えた時間だったといえよう。

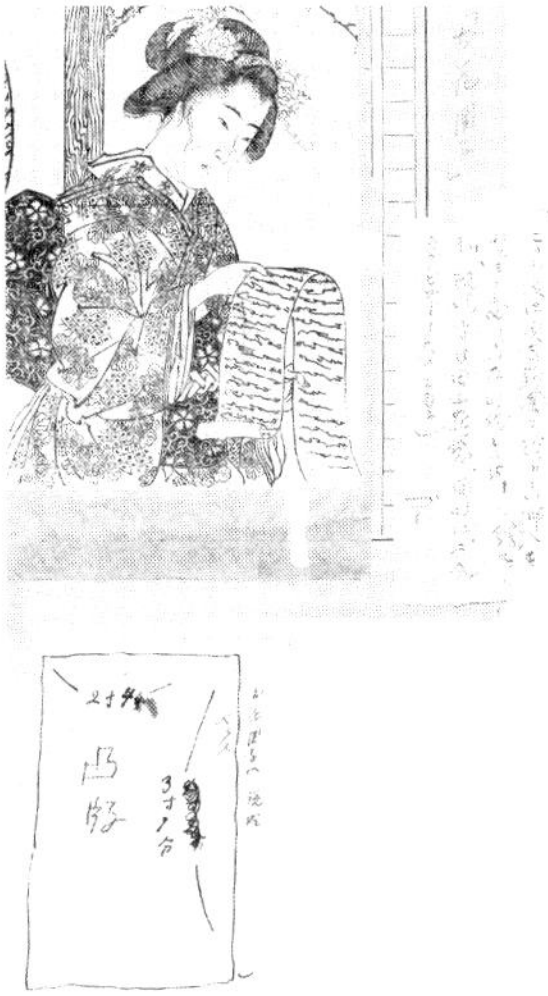

「お花団子」挿絵書入れ

「お花団子」の現存する挿絵の一枚の紙片に、「この小説は田舎新聞に珍しい挿絵を入れて三十三回つゞいた。時代ものは私、現代ものは田山花袋、同時に二人がデビューしたのである」と小林自ら書き添える。田山花袋は二歳年上、群馬（当時は栃木県）の生まれ、尾崎紅葉の門に入り、明治二十四年に古桐軒主人として「瓜畑」（「千紫万紅」）を発表したのが最初とされ、「国民新聞」の二十五年三月十七日から六月十九日に「落花村」を連載、ここで初めて花袋の号を用いたという。時代物と現代物の作者として田山花袋とデビューしたとするが、このあたりの詳細については今のところ不明である。

明治二十六年四月三井銀行に入っての東京生活、銀行総長は三井高保、専務理事は中上川彦次郎（三井家を近代企業として変革した中心人物）であった。九月十五日には大阪支店金庫係として赴任、支店長はその後の美術品愛好や茶道にも大きな影響をうける、慶応義塾の先輩でもある高橋義雄（箒庵）であった。この年はあわただしく過ごしていたはずながら、銀行員になったとはいえ、小説家への夢は失うことなく、執筆活動は旺盛だった。

「国民新聞」（明治二十六年九月）に発表した「逸山生」とする「大磯あそび」は、三段組みの三ページ足らずの小説ながら「上」「中」「下」に分ける。雨の降らない炎天続きの都会の暑さ、「終日俗務に齷齪《あくせく》して得る所僅《わづか》に数金、朝早く起て通ひ夕べ労《つか》れて帰る。此時只だ我れ正に尽すべき卑俗なる職務あるを知るのみ」と、ささやかな給金で朝から夕方まで働くという生活、「然れ共その積る塵《ちり》を洗ひ穢《よご》れたる汗を流し眠れる思想を清めて一度新ならむとする志望切《せつ》なりき」と、現在は俗塵に汗しているものの、いずれは自分の密かに思っていることをしたいとの願いがしきりにあったという。現在の勤めは不本意なもので、「志望」の途へ進みたいとの思いだというのは、自ら小説家をめざしているとの表明でもあるのだろう。

今月の十三日は日曜日でもあるため、前日の土曜日は四時に仕事を終えると新橋に車を走らせ、四時四十五分発の汽車で大磯に向かう。駅からは迎えの従弟と、すぐさま病床にある叔母の見舞いに訪れる。この一か月余、借家での療養生活をしているのだ。夏の海辺の爽やかさ、もはや昨日までの自分ではないようで、朝食をすませると海水浴で身を清め、江の島、三浦海岸の景観を楽しみ、夕方の村雨に蒸すような暑さもまるで洗われる思いだった。十四日月曜日の早朝六時四十分発の汽車で東京へ、九時に新橋に着くと車に乗って勤務する三層楼の前に、「又俗巷の釜中《ふちう》に身を投ず。嗚呼《ああ》これより我は又働かざるべからず」として短篇小説は終える。「釜中」は狭く貧しい世界を意味し、高いこころざしを持ちながら、あくせくして働かざるを得ない身を卑下もしているのだろう。

大磯あそび（上）

「大磯あそび」(「国民新聞」)

ここで注目されるのは、八月十三日が日曜日とする指摘で、これに該当するのは明治二十六年であることを意味している。旧暦では金曜日になるため、明らかに新暦に依拠しており、さらにこの時はすでに大阪に勤務していて東京にはいなかった。いかにも自伝的な世界を描出しながら、叔母とか従弟とかいった架空の人物を登場させ、理想と現実の世界で悩みながら働かざるを得ない人物を作り出してもいるのである。小説家に未練を持ち、東京から大阪への転勤、そこでの毎日の業務に追われ、一人の若者を登場させることによって自分の思いを仮託もしたのであろう。

この時代の作品は、硯友社の影響も大きいのであろうが、かなり美文調がまさっており、それだけに表現も多様とはいえ、類型化している点は否めない。大磯での海遊び、「岩に激する千万の玉あられ、砕けて飛ぶは水煙、その白きうたかたの消ゆる跡に、又寄せ来る大波小波の裡《うち》に、躰《からだ》を投《とう》じて浮べば頭髪ぬれて鼠の如く」と、詳細な描写に彫琢を凝らすのは当時の風潮でもあった。それにしても、このような文体に習熟し、自在に表現できたところは、比較にならないとはいえ、現代の二十歳の青年にはとても及ばないところであろう。

この年の作品としてさらに残されるのは、逸山生の筆名による「平相国」で、「この花草紙」第七号（明治二十六年十一月十五日）に収められた短篇である。この文芸雑誌は明治二十六年五月に創刊され、翌年には廃刊となったのだが、大阪毎日新聞の渡辺台水がバックとなり、菊池幽芳が中心となっていた。大阪の岡島書店の発行、大阪毎日新聞の販売店が販路となっており、渡辺台水との関係から小林一三も執筆を求められたのであろう。

作品は題名からも知られるように平清盛を描いた内容で、とりわけ事件が語られるのではなく、栄華をきわめた清盛の心のつぶやきといってもよい。「賀茂川の水、双六の骰《さい》、山法師、よしや白河の院は何と仰せられたにせよ、彼様《あん》なもの、我心に叶はぬと云ふものが広い日本《ひのもと》にあらうか?」と、まずは清盛のおごりの心から吐露して始まる。これは、よく知られた『平家物語』(巻一「願立」)の、

「賀茂河の水、双六《すぐろく》の賽《さい》、山法師。是ぞわが心にかなはぬもの」と、白河院も仰せなりけるとかや。

のことばの引用で、「治天の君」とも呼ばれた権力者の白河法皇とて、「天下三不如意」とされる三つについては思い通りにことが運ばなかったという。しかし、清盛にとっては、この世の中で自分の心にかなわないことがあろうか、というのが今の心境であった。「人生五十の上も一つ越して病の為とはいへ頭を丸めて立派に浄海と銘は打てど、さて好なものは何時経《いつたつ》ても好と見ゑるわ」と、出家した身とはいえ、いつでも好きなことは好きなようにできると豪語する。これも『平家物語』(巻一「禿髪《かぶろ》」)の、

かくて清盛公、仁安三年十一月十一日、年五十一にて、病にをかされ、存命の為にたちまちに出家入道す。法名は浄海とこそなのられけれ。そのしるしにや、宿病たちどころにいえて、天命を全うす。人のしたがひつく事、吹く風の草木をなびかすがごとし。世のあまねく仰げる事、ふるあめの国土をうるほすに同じ。

と尊大な心になった清盛像と重なってくる。

この小説では、まず清盛の姿を描き、昔が夢のようで、これほどまでに栄誉の身になるとはとあらためて自らに感服するとともに、平氏の歩みを回想しながら、重盛、宗盛、知盛の性格と知略のことを考え、今後の繁栄を思量していく。ただ牛若丸の機敏さ、伊豆の頼朝が気がかりとはいえ、重盛がいる限り安泰との思いである。そのような栄華の夢をむさぼっているうちに早くも冬の日も暮れようとし、外では騒がしい声が聞こえてくるのは、「禿童共《わらはども》の帰りと見ゑるが、大分今日も源氏の奴原《やつばら》を、しめこくツた様じやが、イヤモー何とも言へぬ心持じや！」とするので締めくくられる。ただ、このことばからだけでは、「禿髪《かぶろ》」（禿童）がどのような存在で、何をするのかは理解できなく、原典を知らないとわかりづらい。

これも『平家物語』（巻一「禿髪」）を前提にしており、清盛浄海の命により、十四、五歳の童部《わらんべ》三百人を集め、髪は短く切って「かむろ」にし、赤い直垂《ひたたれ》を着せて京の町中を偵察させ、少しでも平家を悪しざまに口にする者はひっ捕らえ、その家に乱入して私財すべてを没収するという恐ろしい存在であるだけに、人々はその姿を目にするだけで「六波羅の禿髪」と道を避け、畏怖の対象でいたという。末尾はそれを指しての内容で、ここでは源氏の一党となっているが、どれほど捕縛したことかと、清盛は満足な思いでいるとする。このように小林は『平家物語』の内容を引用し、清盛の心内を語りながらある日の一日を終えるのだが、誇らかな姿を描けば描くほど、その後の平家一族の運命を誰もが知っているだけに、読後は一抹の寂寥感もある。これによっても知られるように、作者が古典に習熟し、華麗な文体や表現にたけていた様相を、数編の作品からもまざまざと知ることができるであろう。

「国民新聞」の明治三十二年一月にも「新年述懐」の記事があり、この筆者は「愛山生」とするのも小林一三なのであろう。内容は小説ではなく政治論で、西郷隆盛が江戸に上りながら勝海舟の魔術によって籠絡され、さらに海舟もできなかった事業を遂げたのは大村永敏（益次郎）であったとし、東京人は西郷ではなく大村の銅像を造るべきだと提言する。勝にとって薩長や幕府は眼中になく総日本を目指したとはいえ、大村は新時代の代表者として泰西流の化身として、さらに大きな視野のもとに新日本の姿を創造したとする。そこから論点は当時の政治に及び、現今においては聡明なる新空気を注入すべきであるなどとする。かなり高揚した論理展開なのだが、このような論調は学生時代からの演説手法でもあったのであろう。小説家をめざす一方では、銀行業務に携わりながら、現実の経済や政治のありようにも関心は広まっていたと知られる。

3　銀行で想を練った小説の下書き

小林一三の日記が現存する明治三十一年一月以降の記述をたどっていくと、折々に原稿に向かって作品を書いていた実態を知ることができる。それ以外の作品もあるのだろうが、まずは銀行員としての仕事の合間に、どのような小説を書いていたのかを知ることにしよう。

1　万歳新聞ニ、「小林市造ト妻お幸」ヲ書キ初ム。一笑ノ値モナケレ共怒ル事モ出来ズ苦笑

ニ終ラムカ、（明治三十三年二月十日）

2　銀行ニテ戯れに、「にらみ合」ナル事実的小説ヲ作リ初ム、第一回、第二回（明治三十三年七月四日）

3　「にらみ合」第三回（明治三十三年七月五日）

4　「にらみ合」第四（明治三十三年七月六日）

5　「にらみ合」第六回完結ス、本日五、六ヲ作ル。（明治三十三年七月七日）

6　小説「にらみ合」ヲ清書シ稲葉君ニ与フ。（明治三十三年七月十日）

7　小説「花火ノ音」ヲ書初ム。（明治三十三年八月十二日）

8　「わび証文」短編成ル（明治三十三年十一月二十四日）

9　横浜の磯萍水《いそひょうすい》が来た。小説家なぞといふのは大概あの位なものだらう。（明治三十九年八月五日）

これ以外の記事としては、芸妓の身の上話を聞いて小説にしたいとか、後にも取り上げる『曾根崎艶話』の初版と再版への言及がある程度である。

小林一三は明治三十二年八月に名古屋から大阪支店へもどり、翌年二十七歳の十月には丹沢コウと結婚し、三十四年一月には箱崎倉庫次席として上京、六月には育てられた祖母の名から取った長男富佐雄が誕生する。三十五年には三井銀行本店の調査係主任となり、これによって全国各地の支店めぐりをするようになる。銀行を退職し大阪に移り住むようになったのは四十年一月、そこから小林の新しい人生が始まることになる。

記録としてとどめられるもっとも早い時期の小説は⑴の「小林市造ト妻お幸」という、まさに実名を用いての作品で、自分の結婚の経緯を語った内容であろう。「万歳新聞」の実体は明らかではなく、その後の大阪での新聞社の買収や創刊にかかわった吉弘茂樹がかかわっていたようだが、小林は早くからこのようなジャーナリストとの交友が広く存したことは確かである。

小林がコウと結婚するにいたった経緯やその後については後に再述するが、概略だけを示しておくと、自らも告白しているようにさまざまな波乱があったようで、小説ではそのあたりをドラマ仕立てにし、実話をまじえての展開だったのであろう。『逸翁自叙伝』によると、

明治三十二年の夏、彼女は早や妙齢の十八、花ならば満開、麗艶の期を失はず、私は彼女の養父を説服した。彼は俳諧の宗匠で十徳姿の老人であった。

「牡丹散つて打重りぬ二三片」の短冊幅と、「春の夜や宵曙のその中に」の扇面幅は、一水庵荷村の伝来で、その当時、蕪村を集めて居った私への記念として、ささやかな彼女の荷物の中に贈られたものである。

私達は一水庵の二階の広間に、頭付の鯛の焼ものを中央にして、一家団欒的のお祝ひを開いて式をあげた。そして私達は高麗橋一丁目三井の社宅に新家庭を持った。それから五十三年の長い長い私の思ひ出は――。

と、はるか昔を懐かしく回想する。一水庵荷村とはコウの養父の俳句の号、名古屋から大阪支店に

勤めるようになった八月にすぐさま結婚の申し込みをし、秋の十月にささやかながらの挙式をしたというのである。

養父は俳句の宗匠、茶人も用いる十徳姿、小林も少年のころから俳句に親しみ、自ら句作もしていただけに話ははずんだはずで、正岡子規に心酔して蕪村に傾倒し、その作品も収集している話題も出たに違いなく、あるいは茶もたしなんでいたとすると、ますます懇意になったことであろう。そのこともあり、養父はコウの嫁入り道具に蕪村の短冊と扇面をしのばせていたという美談もここで書き留める。「明眸皓歯、鼻は高く、色は白く、丈はすらりとして品位高雅、うひうひしき丸髷を紫縮緬のお高祖頭巾に包んで、外出するときは昔風の浮世絵を見るやうに愛らしかった」とコウを描写する小林、自分の新妻について自慢の思いもあり、小説でも美しい妻として登場させていたのであろうか。

(2)から(5)までは銀行で戯れに書いていたという連載の「にらみ合」とする六回連載の作品、「事実的小説」とするので、ここでも実在のモデルを用いた内容だったのであろう。「稲葉君」とするのは稲葉康太郎、同じ銀行取引仲間で、文化的な交流をしていた。出版の仲介を求めたのか、回覧だけなのかは不明である。(7)は「花火の音」を書き始めたとするものの、その後の経過については不明、(8)は「わび証文」という短篇、いずれも現存しないため展開などを知ることはできない。銀行に勤めて業務の処理をしながら、時間があると小説を書いていたというのは、おいそれと小説家への夢を捨てきれなかったからではあろう。このような経過をたどり、この後に述べるように、やがて長編の「上方是非録」、さらに大正四年には「曾根崎艶話」を執筆し、後者は出版にもいたることになる。

三井銀行時代といえば、ここに小説を書こうとした断簡が存する。雑多な資料の中に紛れるように入っている「合名会社三井銀行」と印刷された罫紙に、始めに「筋書」として次のような数枚を見いだす。まさに草稿的な存在で、抹消、書き入れも存して読みづらいのだが、ともかく一応翻字して全文を示しておく（読みやすくするため、私に句読点を付し、補入したことばは括弧で示した。それと原文での抹消は、取り消し線にした）。

筋書

怜悧なる青年は其恋人を失ふ~~て~~つた、（其恋人を誰れにとられたか分明、美人は逃げたのだ）富虚栄より外何等の信念なき浅薄なる美人で在つた。嘗て一度は相応に愛し愛されて、恋の空想に夢の如く暮した事も在つたけれど、青年の手腕は到底美人に物質的満足を与へる事が出来なかつた為めに、其恋は~~東の朝の~~残月の如くに薄らいだ。とう〳〵其恋人を失ふに至つた。

青年は更に奮起して、富虚栄の材料を得んと決心した。（一枚目）

其に既として渠《かれ》は不具の令嬢、某仲高の娘と結婚した。

某仲高―軽薄なる男

渠は青年が曩《さき》に失ふたる美人を妾にし~~た~~て居る。青年は仲高の歓心を得んが為めに其~~嫁と~~妻と如何にも睦まじくあるかの如くにして常に仲高の邸に遊ぶ、

仲高の妻は正直にして細心なる人、
青年には娘と共に妾のある事を隠して居る、
其中妻が死んだ─娘（の行末）を青年に頼み金をやる、妾は先の子供を引取つて育てて居る、
（二枚目）
妾を後妻になほさんとす、
娘は之を破らんとして夫に妾のあることを告げた、
（以下五行分×印によって抹消する）
夫は余り感じなかった、
其中に仲高は妾を得、妻に直すことになつた、
内披露の晩に、青年は妾を見て驚いた、
心中の大波瀾！
青年は
（以上の五行分、×印によって抹消する）
青年と娘、妻との交情は漸く真成の愛を生せんとす（婚の目的）仲高を達すべく贅沢、遊興に
傾い青年は養父にた（三枚目）

罫紙に書かれた文章はまだ少し続きはするものの、掲出した後半部も羅列的で、しかも抹消が多く、意味を把捉するのは困難である。初めに「筋書」とするように小説の構想ないし概要を記し、

これをもとに自宅などで一篇の作品に仕立てあげるつもりであったと思われる。大ざっぱに内容を推測すると、ある怜悧な青年には、相応に愛した美人の恋人がいたのだが、その女性は浅薄な考えで、富と虚栄を求めて仲高の妾になって離れてしまった。この現実に目覚めた青年は、かつての恋人が仲高の妾であるのを知った上で、富と虚栄のために、仲高の不具の娘と結婚し、義父の歓心を買おうとむつまじさを示し、しばしば邸宅に通うありさまである。仲高の妻は正直で細心な女性、夫に妾のいることは娘にも婿の青年にも黙っていた。その後妻が亡くなり、仲高は娘と結婚した婿の青年が幸せになるようにとの思いから、それなりの費用を譲渡したようである。

初めに補筆した部分で、別れた恋人が仲高の妾になったことを青年は知っているように書いてはいるが、後半ではどうも知らなかったように設定し直している。それと、青年と結婚した娘も妾の存在を知っているようで夫に告げはしたが、青年は無関心であったという。仲高は、妻が亡くなったため妾を本妻として家に迎えることにし、内々の披露宴が催され、そこで青年が目にしたのはかつての恋人の姿、すっかり驚愕してしまう。このあたりの筋立てはまだ試行の段階だったようで、妻は夫に父の妾の存在を告げることができなくて苦慮しているとか、披露宴のあった夜、夫の青年

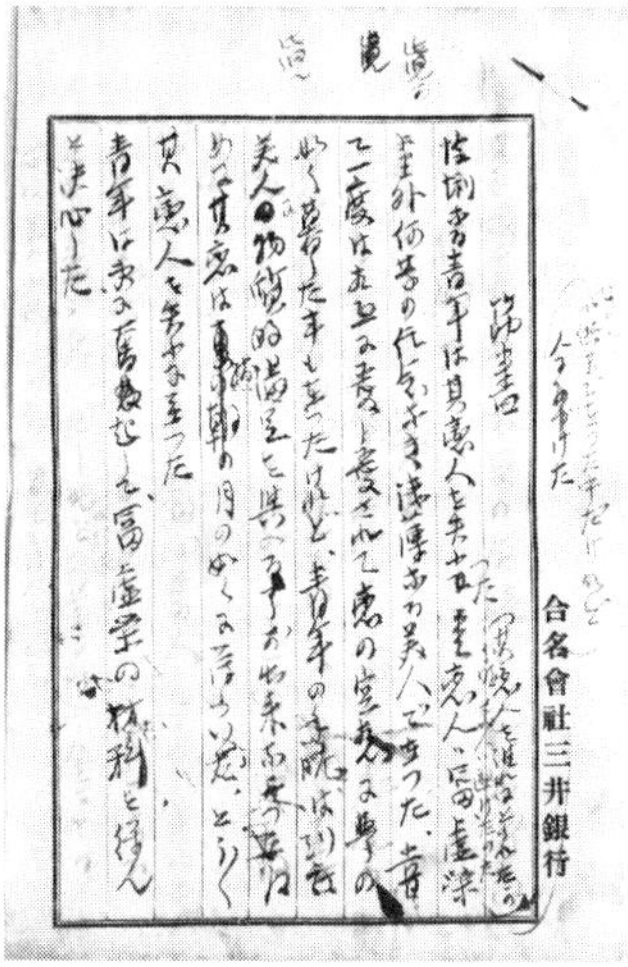
合名會社三井銀行

小説筋書

は酔って遅く家に帰り、そこにかつての恋人が伸高の妻となっているのを見て大波瀾となる、といった内容も考えていたようである。

さまざまな仕掛けのもとに人物の設定を工夫していた材料の存在、これが銀行で戯れに書いていた六回連載の「にらみ合」であったかどうかはわからない。伸高の妻となったかつての恋人と、娘の夫となっている青年、互いに名乗ることもできないまま、家庭内での奇妙なにらみ合いが続いていたのかどうか、銀行内にモデルがいたのかどうかもまったく知りようがないが、小林は人間の不条理な生きざまを想像の世界で一人愉悦に浸っていたのかも知れない。

4　さまざまな小説作品へ

小林は銀行員の勤めを果たしながら、かつて抱いた小説家の夢は断念していたにしても、作品を書く執念はあきらめていなかった。三井銀行の罫紙に「筋書」が残されているように、人々の姿を観察しながら小説の世界で自由に動かし、その行く末を描くことによって生き様を考え、また楽しんでもいたのであろう。伸高と青年の作品と同じ頃であろうか、普通の罫紙に題名もないままの、これまた別の「筋書」が数枚残されている。これは明治二十三年十月の学校のノート（「勅語」とか授業時間割の欄が印刷されていることによる）に記されているもので、当時のものか、後年になって余白に書き入れただけなのかは判明できない。初めの部分には「三十七年一月」として出納簿として使用し、鉛筆とか筆による俳句などが雑多に書き込まれる。

東京生命保険会社社長（東洋銀行頭取）木村原田正之の（四十八歳）
○大森の別荘に居る民子、年は二十六、今日にも民子は高輪の本邸に正之の後妻として、否いよ〳〵正室に娶るとい《ママ》ので、永年付添の女中（お）春子が喜びを言ふ。民子は前途を考ゑておしまぬ気で在る。
民子は温順にして怜悧で在る。故に自分が十八の時から原田の妾とし此別荘に何不足暮らして居るので充分満足して、感謝しつゝ在るので在る。

然るに今本邸に後妻として行くといふ事は、自から苦しむべき境遇に進みゆくので、自分の歴史を考ゑて、到底原田夫人として世間へ出るといふ事は苦痛で在るといふ事を確信して居るので在る。

今日しも日曜の好天気に、弟の植村賢三は姉の民子を訪ねて遊びに来た。

賢三は民子が芸妓をして居るときから、自から学資を出して勉強させ、其後原田の妾となつてからは原田が学資を給して居た。頗ル好男子で、今年二十四歳、大学の法科を今年卒業しやうとするので在る。彼は美男であるのが瑕で、軽薄才子で在る。其性質、姉とは雲泥の差が在る。

賢三は姉がいよ〳〵原田の正室となるべきを、お春から初めて聞く。大に喜ぶ。姉によろしくすゝめる、然しながら民子は依然としてふさぐ、
丁度原田が来た。原田は長女の里子（十八）と長男正一（二十一歳）、次男の政次（十五）と下

女と書生をつれて別荘に遊びに来た。
賢三は二人の子供をつれて海岸に遊びにゆく。
原田は民子ニ早く正室として本邸へ来る様に決心しろとすゝめる。
但し、原田は温厚の君子にして斯界に重を置かるゝ、学者で在る。実業家で在る（添田寿一？）。
然るに原田が民子を妾とした理由
初めて民子になじんだ時、民子は自分の親友（同じに洋行をした学者の）植村登の遺子で在るといふ事が知れて彼女の性質の美良なるを愛すると同時に、十八歳の少女を苦界に放棄に忍びずして之を救つたので在る。
其後原田は相当なところに彼女を嫁せしめんとしたけれど、民子は其恩義に感泣して此別荘に安全に暮て居たので在る。
民子の評判は実に宜い、原田の親類一統にも、又は原田の親友にも―それは原田の評判の宜い如くに、
民子は泣いて其厚意を謝した
夕陽の景色―初夏の夕の涼風―海を見晴す庭
最後に民子は曰く、原田夫人として自分が世の中に出るといふ事は、夫人方の恥辱で在るのみならず、自分の苦痛で在るから、願くは依然として別荘に止まり度い事、
若し叶はずんば本邸に這入つて夫人として正に備ふべき相応の教えを受けたいこと、

原田は喜んで承諾す、
○民子は本邸に這入りたり、
や、もすればヒステリーになりそうな民子の為めに、原田は本人の気の晴れるやうにす、める、
民子の家庭教師として小崎友子（二十七歳洋行）洋行帰りの中々活発な女だ。一寸美人で在る、
一度意中の人の嫁となつたけれど、其旦那が死んだので一生独身生活をするとて、某女学校の
教師で在る。
西洋音楽も出来るから―民子の教師とした。
小崎友子は梅村賢三と懇意になつて、それから恋に落ちた
賢三不品行になつた彼は、友子を食い物にしたので在る。
民子は之を知つて友子を解雇せんことを原田にはかる、民子は賢三をせむ―泣いてせむ。
○原田の長男二十四歳のハイカー《（ママ）》男原田正一は英吉利に洋行して居《（ママ）》いつたけれど、酒を好み道
楽で成業中途にて突然帰国した。原田は小言を言ふ。

賢三は正一をそゝのかして遊里に誘ふ、民子の苦痛、
結局賢三の出入を差止む。

賢三は友子の宅に浪《（ママ）》居す、彼は法学士となり、弁護士となる。

ここに登場する人物を整理すると、東洋銀行頭取の原田正之は四十八歳、初めは東京生命保険会社社長としていたが、あらためて銀行員と設定をし直す。妻に先立たれており、長男の正一は二十

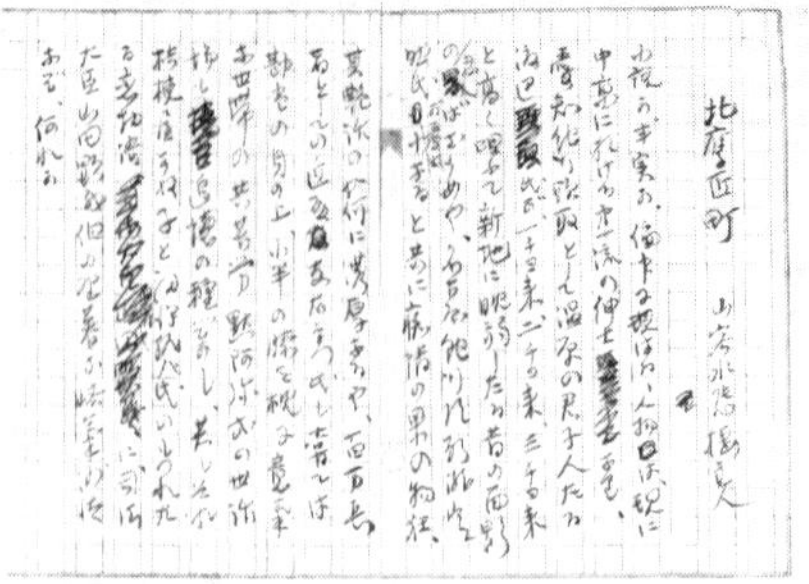

「北鷹匠町」原稿

四歳、イギリスへ留学、長女里子は十八歳、次男の正次は十五歳である。かつて共に洋行をしたことがある友人植村登の娘民子は、父が亡くなって後に十八の身ながら芸妓の世界に入り、弟賢三の大学卒業のため働くことになった。それを知った原田は友人の娘民子を妾として別荘に住まわせ、法科大学生の賢三の学資も出すようになる。原田は、親族にも友人にも評判のよい民子を早く本邸に本妻として迎え入れようとする。ただ民子は気が進まず、原田夫人として世間に出るのを恥ずかしく思い、社交に必要な教養を身につけてからということになる。原田は、洋行帰りで西洋音楽もできる小崎友子を家庭教師とする。彼女は一度結婚していたが、夫が亡くなってからは生涯独身生活をと思い、今は某女学校の教師もしている。

この後はかなり断片的なメモになっており、たどっていくと賢三は友子と恋仲になって食い物にする有様、長男の正一は道楽者でもあり事業に失敗して帰国すると、そそのかして遊里に通わせるという展開である。民子は弟の賢三の出入りを禁じ、友子の家に入りこむようになる。その後、賢三は法学博士となり、弁護士ともなったようだ。これで途切れてしまっており、民子は本邸入りしたのか、賢三と友子との関係は、原田の子供達の行く末は、といったことなどは一切書かれていない。小林はこのような人物関係を構想し、その小説のなりゆきをあらかじめ「筋書」として思いつくまま書き、それをもとにして作品の肉付けをしていった様相を知ることができる。小林は一篇の小説として書き上げていたのか、雑誌等に発表されていないため、完成原稿は紛失したのか、あるいは構想だけで終わったのか、そのあたりは現在では知りようもない。

この種の資料はほかにも存しており、タイトル「北鷹匠町」、作者名は「山容水怨楼主人」とする見開き一枚の原稿が存する。これも概要を示したもので、町名からして名古屋に赴任していた明治三十年から三十二年の体験が背景になっているのであろう。「小説か事実か、編中に現はる、人物は、現に中京に於ける第一流の紳士なり、愛知銀行頭取とて温厚の君子人たる渡辺氏が、一チヨ来、二チヨ来、三チヨ来と高く唱ふて新地に耽溺したる昔の面影の忍ばざらめや」と、事実に基づいたモデルの存する作品だと強調する。内容は明らかではないが、愛妓小半との「痴情の果の物狂、其れ艶話の如何に濃厚なるや」などとし、百万長者の近藤友右衛門とか司法大臣山田顕義伯などと人名が記されるものの、これも小説のネタ的な紙片だったと思われる。山田顕義などとするのは、松下村塾出身の実在する初代の司法大臣だけに、どのような裏話が書かれていたのか、興味のあるところながら詳細は明らかではない。

ややまとまった小説としてはB五版の罫紙二十二枚があり、前後は欠けているが長編の一部なのであろう。抹消や補入の文言も多いだけに、草稿と考えられる。題名はなく、「丁重を尽した喜三郎の一周忌は滞りなく済んだ、その翌日《あくるひ》の暁《あけがた》のことである」として語り始められ、

未亡人初子は奥の離室《はなれ》の茶味《ちゃ》がかつた十畳の居間に、褥床《しとね》を并《なら》べて寝て居る、七分通り白髪の

父親の後頭部《うしろすがた》を夢のやうに、おぼろげに見た時、不図眼を開くと共に、頭を上げて四辺《あたり》を見廻して、ほつとためいきをついた。

と続いていく。内容からすると夫の父親が珍しく昨夜は泊まるといって傍らに横になったのだが、初子は夫喜三郎の一周忌のため昨夜は遅くまで起きていたようで、まだ寝不足の思いがする。義父が目を覚まし、あらためて初子に話があるという。一周忌も終えたので、夫の弟喜八郎と再婚し、名を喜三郎としてもよいというのである。初子は即答ができずためらっていると、義父は「これは親族で決めたこと、異存などあろうはずはなくよい話」と決断を促す。初子は喜三郎と結婚して七年の生活、作品では夫への未練があるとも、心に秘めた人がいるともとれるような進め方ながら、そのなりゆきを書く前に中断してしまう。表現の近代的な流れからすると、明治末年から大正になってのものであろうか。

後に取り上げる「上方是非録」や「曾根崎艶話」は、いずれも花街の風俗世界を描きながら、そこに生きる芸妓の姿を求める内容である。また、これまで示した筋書の小説も、芸妓とか妾といった話題を家庭に持ち込むことによって展開していこうとした。ここでは商家の嫁に行った初子の、寡婦となったその後の生き方を描いていく新しい視点が持ち込まれているようだが、その先を知ることはできない。小林は十代のころから小説を書き、四十代となって企業家として厳しい競争に身を置きながら、ことさら余技として作り出そうとしたのか、むしろ生きがいだったのか、想像をめぐらしながらの小説稼業はあきらめることをしなかったようである。

四　俳句への傾倒

1　俳人の家系

「小林一三は俳人であった」と評すると、すでに小林一三のイメージを持っている人々には意外な思いがするかも知れない。私は個人的に小林一三の俳句に関心を持ち、残された作品を調べてみると、草稿も含めるとおよそ三千句ばかり数えることができ、そこから抜き出して「小林一三　百句」（『俳壇』二〇一四年四月号、本阿弥書店）として、時代順に並べて発表したことがある。一流の俳人とまではいかないまでも、とりわけ若い時代の作品には心打たれるものがある。

小林の書いた「蕪村の話」（『雅俗山荘漫筆』巻三）に、俳句とのかかわりについて次のように述懐する。

　私は、子規の門人として勉強した訳では無いが、学生時代から俳句にふけつて乱れ作を試みる頃から、子規崇拝の一青年として根岸の里にあこがれるに至つたのは、親戚であり学校時代の保証人たる笛川庵が下根岸御行の松の附近に在つたので、其頃は、上野公園で鉄道馬車を下りると、園内を通りぬけて鶯谷から根岸へ往復の途すがら、廻り道をしても子規庵の前を通るので、いつとなしに俳聖蕪村礼讃の信者となつたと見えて、学校を出てから書画骨董に興味を持つ其の手初めは俳幅と新画、結局安価で楽めた事も理由の一つであつたと信じている。

明治二十一年一月に十五歳の小林少年が韮崎から上京して慶応義塾に入り、五年近く学生生活を過ごしてきたことは、これまで述べてきたところである。その頃から俳句に耽り、子規崇拝から根岸の子規庵の前を通るため回り道をするほどで、自分が蕪村の書画を集めるようになったのもその影響によるという。正岡子規が「俳人蕪村」を「日本」に連載し始めたのは明治三十年のこと、一冊にまとめられたのは明治三十二年なので、小林はそれを読み自らも蕪村賛美者となったようだ。

当時の社会状況は新しい潮流の興隆した時期といってもよく、有為の青少年を鼓舞していったようで、とりわけ自由民権運動の広まりとともに、抑圧されてきた江戸期とは異なる新たな時勢に向かって政治から社会運動、思想への変革を求め、それが文学表現へも大きな影響を与えていった。

当時の文学状況を見ると、明治十八年に坪内逍遥『当世書生気質《とうせいしょせいかたぎ》』、明治二十年には二葉亭四迷『浮雲』などが、若い世代に熱狂的に受け入れられていく。正岡子規が俳句を作り始めたのは明治十七年、本格的な俳人として知られるようになるのは、新聞「日本」に入社した明治二十五年以降であろう。小林が小説を書き、俳句に親しむようになる年代と重なっており、それだけ時代の風潮を肌で敏感に感じる青年として育っていったと知られる。ただ、子規が根岸に居を構えるようになったのは明治二十七年のことなので、小林が子規庵の前を通っていたというのは、学生時代ではなく、社会人となって以降の記憶と混同していると思われる。ともかく、小林は義塾在学中に俳句を「乱れ作」したとするように、句作にふけり、子規の革新を崇拝するようなあこがれを抱くようになったと思われる。

子規が「ホトトギス」を創刊したのは明治三十年、俳句革新のよりどころにしたのは、芭蕉ではなく画もよくした与謝蕪村であった。小林が蕪村に傾倒したのは子規への尊崇が契機であり、そこから大阪北摂の池田という土地柄もあったのであろう、蕪村の弟子呉春（松村月渓）が一時身を寄せていたというかかわりもあり、その作品に心を奪われていったのは、ある意味では自然な流れでもある。その後小林は生涯にわたって蕪村や呉春を愛好し、書画を収集するとともに、「呉春の話」（『雅俗山荘漫筆』第四）とする原稿も書くほどで、その熱の入れようも知られるであろう。

小林の句作は、すでに韮崎時代から始まっていたのではないかと思うが、子規が俳聖とあがめる蕪村へ傾倒し、子規の影響もあってますます和歌や漢詩なども口にするようになった。現存するのは明治三十一年一月一日の二十五歳を初発とし、そこに自らの句を書き込んでいく。ノートとかメモの類、日記等に書き散らし、一度は作品をまとめようと一書にして下書きをしたこともあったが、公表するまでにはいたらなかった。

昭和二十五年五月から「日本美術工芸」に連載を始め、後に『大乗茶道記』に収められた中に「楳泉亭由来記」がある。その草稿ともいうべき下書きが存し、「逸翁述」とするように、かねて小林は家系に関心を持ち、さまざまな機会に蒐集し、自ら語ってまとめさせてもいたのであろう。注

目されるのは、慶応二年に亡くなった祖父小平治維明（四十四歳）の記述で、そこにしたためられるのは、

　梅泉と号し俳句をよくす、池田本邸内茶室梅泉亭の名の由来にして、一三の最も愛好せるものなり。（付記、「楳」と「梅」は同じ）

とする茶室梅泉亭の存在である。「楳泉亭は二十三年の秋、雅俗山荘から移築した二畳向ぎり《ママ》費隠の茶席に付属して、持合わせの古い資材を利用して建てた八畳の広間である」と説明しており、日記によってしばしば楳泉亭での茶会を催している様相が明らかで、好みの茶室だったと知られる。

維周には四人の息子、長男が維清（欽哉）、次男は源六維賢（保坂家へ養子）、三男が小平治維明、四男が維百であった。小林一三は維明の弟維百の妻房子に育てられ、「フサ」の名から自分の長男の名に富佐雄と付けたことはすでに述べたところだが、茶室の名も同じ身近な祖先を尊崇する思いによるのであろう。しかも維明は俳句に親しみ、号が「梅泉」だったと、自分に俳句の血が流れていることを知っていた。さらに維明の兄七左衛門維清（嘉永二年没、三十六歳）の項には、

　欽哉と号し俳諧を辻嵐外に学び、十哲の一人に数えらる。日本全国紀行句集『あかはだか集』がある。

としており、甲府に在住し、「甲斐の山八先生」と呼ばれて『嵐外句集』も存する江戸後期の俳人嵐外の弟子でもあった。しかも、自ら『あかはだか集』という句集が存したというので、地元では富豪というだけではなく文人としての声望もあったのであろう。

小林は東京に出て三年目の明治二十三年十二月一日、「練絲痕」を書いて騒動を起こした年だが、維百と房子の三男小六に次のような依頼の手紙を送っている。

此地至てあたゝかに御座候、不順之時節御養生専一に皆々様願上候。陳ば御多忙の際中、斯様な事申候ては、真に恐入候得共、実は少々取しらべ度事有之、御伺申上候が、欽哉先生之生年月日並に長逝被遊候年月日、生前の御有様贈名等、乍御手数御書送り被下度奉願上候、又一清亭に懸けありし嵐外先生之一幅富士之高峯之画に俳句一句有之候が、如何なる句に御座候や、伺ひ申上候。死せし時何か名吟有之候や。友人の死を悼む句有之候、通知被下度希望仕候、早々頓首。

二白シヤツ荷物御送り節、御送り被下度奉願上候、此試験ハ来ル十五日より有之候が、如何相成候哉。倖にも及第仕り候や、不計心配に御座候　不一

小林小六様　　一三

この手紙は現物ではなく、小六に送られて来た後、小六か別人の手によって転写し保存されていたものである。封筒も模写され、上書きは「甲州山梨県韮崎町　小林小六様　平信」として、消印も「23年12、20」として丸で囲まれる。裏面は「三田慶応義塾内　一三拝　十二月十一日」とし、一三の個所には点線を引いて「18歳」と説明の注記を付す。十二月十一日に出し、消印が二十日というのはやや日数がかかりすぎのようにも思うが、とりたてて問題にするほどでもなかろう。

小林一三の手紙を保存する意図のもとに転写したようで、返信した小六の作成なのか、「小林家

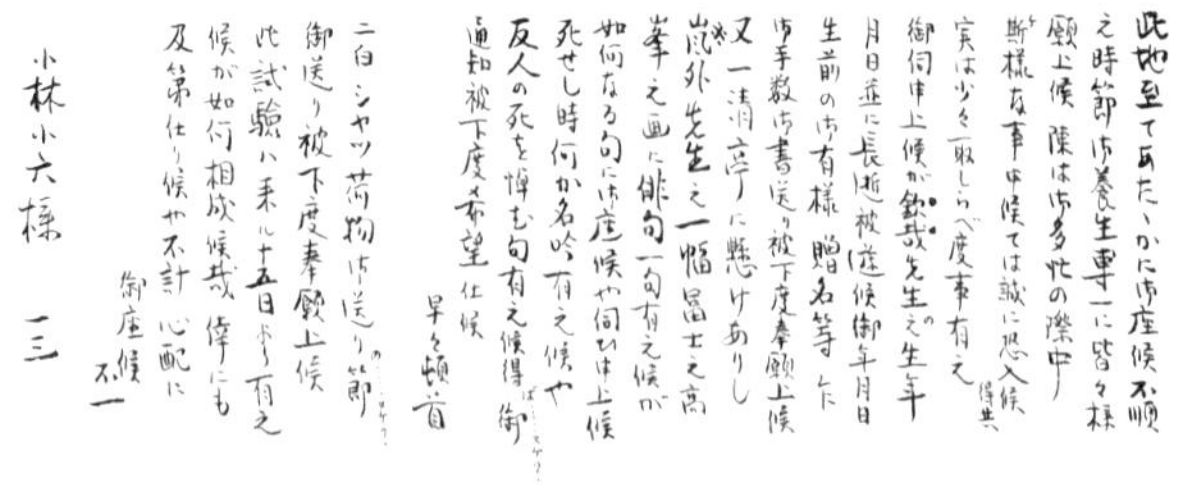
此地至てあたゝかに御座候不順
之時節御養生専一に皆々様
願上候 陳は御多忙の際中
斯様な事申候ては誠に恐入候得共
実は少々取しらべ度事有之
御伺申上候が欽哉先生の生年
月日並に長逝被遊候御年月日
生前の御有様 贈名等 乍
御手数御書送り被下度奉願上候
又一清亭に懸けありし
嵐外先生之一幅富士之高
峯之画に俳句一句有之候が
如何なる句に御座候や伺ひ申上候
死せし時何か名吟有之候や
友人の死を悼む句有之候得ば御
通知被下度希望仕候
早々頓首
二白 シャツ荷物御送り節
御送り被下度奉願上候
此試験ハ来ル十五日より有之
候が如何相成候哉 倖にも
及第仕り候や不計 心配に
御座候 不一
小林小六様 一三

小林小六宛書簡

系譜抄」として維清（欽哉）以下の四人兄弟とその子供たちが記され、欽哉には「子なし、家督を維百にゆずる」と、長男の子孫は残らなかったようである。余白に「辻嵐外　欽哉の師・俳人」とするのは、一三の質問にかかわることによる。ただ、それ以外の小六の返信内容については書きとどめられていない。

小林一三は、東京は韮崎と異なり温かい地とし、小六にあらためて繁忙のところ調べてほしいことがあると依頼する。そこではまず、欽哉の生没年月日、生前の様子や贈り名などを尋ね、一清亭というのは本家に存した建物であろうか、そこに掛けられていた嵐外の富士山図の掛幅に添えられていた俳句を知りたいとする。嵐外の自画賛ではなく、欽哉が富士の絵に添えた句との考えがあったのであろう。さらにどのような必要があったのか、欽哉が友人の死を悼む句があれば、それも教えてほしいという。この結果については、次にシャツの荷物を送る時でよいとし、試験は一月十五日からあり、幸いに及第すればよいとの身辺の報告も怠らない。小林一三は満の十七歳、外塾に移っての学生生活は「文学青年の夢を追う生活に終始」し、芝居に夢中になるとともに、小説を書き、句作にも耽ける日々でもあった。身近な存在の根岸の笛川庵小林近一（小六兄）だけではなく、大叔父の欽哉やその師の嵐外にも関心を持つにいたり、故郷に住む従叔父の小六に頼みを書いたのだが、どのような返書であったのかは今のところ知りようがない。

2　コウとの結婚秘話

小林は俳句について、学生の時代に乱作したとは述べるものの、具体的にどのような句が詠まれていたのかは明らかでない、確かな例としては、日記の明治三十一年一月二日の条に、「終日籠居」として、

元旦即吟　万歳の犬に吠らる丶今朝の春

が初例である。明治三十年一月から名古屋支店勤務、これは翌年正月の二十五歳の句となる。名古屋といえば三河万歳、正月の祝儀舞が路地路地を回っての門付け、思いがけなくも犬に吠えられ、あわてて逃げ惑う姿が目に浮かぶ光景である。二日後の一月四日には、

東京根岸様へ新年の消息ヲ報知スル、書信中へ此日誌第一ページの記事ヲ書き更ニ付するに一句を以てす。

恋を捨《ステ》て苦もなく楽も内所かな

とし、近況報告のためなのであろうか、日誌の一ページを転写するとともに、新年のあいさつとして、この句を根岸のかつての保証人小林近一へ送付する。小林一三の艶話は何かとあったのか、そ

のあたりを知っている笛吹庵に句によって知らせ、「内所かな」としたのであろうか。
今日一般に利用される「小林一三年譜」では、明治三十三年十月の二十七歳で結婚したことになっているが、これは一年ずれており、前年の三十二年のはずなので、まずは訂正しておく必要がある。結婚するにいたった経緯については、自叙伝に詳細に記しているため、世間周知の小説的な内容といえる。小林の結婚話はいくらもあり、世話をしてくれる人々から見合い写真も送ってくるし、支店長の岩下清周からも写真を預かる。どのように我が身を処せばよいのか、今後の相談もあり、小林は二枚の写真を持って上京し、下根岸の笛川庵小林近一邸を訪れる。

庭の広い茅屋根の庄屋めいた大きい田舎屋である。親戚であり、東京在学中の保証人であり、郷里を離れて以来、永年お世話になって、今でも自分の家のやうに考へてゐた。

小母さん（近一妻）は堂々とした体躯、小林よりも五六寸ばかり背が高く、血色がよく、品のよい女性、喜んで迎えてくれて妹の文も朝からの訪れを待ちかねているというのだ。文は女子大学を出ているという親戚中の評判らしく、水田という商売人のもとに嫁入りし、令夫人というよりも世話女房のような存在で、取引先の娘と小林との見合いをさせようと張り切っているという。あらかじめ笛川庵には岩下から渡された写真の女性とどこで見合いをすればよいのか、手紙を書いて相談していただけに、上京しての突然の見合い話にどうしたものかと思案するが、ともかく話だけはと急遽水田商店で見合いをすることになった。今日の結果はどうなのかと文から問い詰められ、小林は妙案もないまま、見合い写真を持参して上京したにもかかわらず、思いがけない成り行きとなってしまい、新しく紹介された女性との結婚を承諾してしまう。このようにして小林は明治三十二年八月に名古屋から大阪支店勤務となり、第一銀行副支配人の社宅として貸している高麗橋一丁目、伏見町角の三井銀行の持家が二か月先には空くというので、それまではひとまず新居は大手町の友人宅とし、新妻を迎える準備を整える。

挙式は笛川庵の大広間、翌日の正午頃に大勢の人々に見送られて新橋から大阪へと向かう汽車に乗り込む。座席で妻の顔をつくづくと見ると、眉毛が妙な感じなので聞くと、剃っているうちに形が整わなくなったため全部そり落としてしまい、仕方なく眉毛を描いたというのだ。暑い夏の日とて汗で黛が流れて見苦しくなっているため、手洗い所で顔を洗うように求める。化粧を落としたさっぱりした顔、剃った眉の跡が青々としており、むしろそのほうがかわいくもあったと、まだ幼い感じのする新妻を描写する。

汽車は翌朝大阪に着き、すぐさま新居に行き、その夜は大川の納涼船で遊ぶ。夜遅く帰宅すると、女中のお針さんが、留守中に恋人のコウさんが訪れ、しょんぼりとして帰ったという。三井銀行の年間公休日は一週間、自分にはまだ二、三日権利が残っているため、土曜日から三四日暑中休暇を得て、恋人のコウと有馬温泉の「兵衛」へ出かけることにした。明治三十二年八月の土曜日となると、五日、十二日、十九日、二十六日とあるが、中旬の十二日か十九日あたりであろうか。あらかじめ銀行へは婚姻届けを出し、妻には友人たちと以前から旅行の予定になっているとの口実をもうけて出かけていった。

有馬温泉から帰ってくると、事実を知った妻は東京へ逃げ帰っていた。数日実家に帰っただけだろうと、しばらく戻ってくるのを待っていると、一週間後に笛川庵から長文の手紙、妻はもう大阪には帰らないと言っているという内容であった。仲人の水田夫妻は困惑し、東京に小林を呼び寄せて意見をしたいというなりゆきである。結果として破局となり、銀行内では新妻を追い出したという評判、平賀敏支配人も苦い顔をするという四面楚歌、銀行を辞めようかとも思いながら我慢をするしかなかった。

このようないきさつにより、小林は丹羽コウと結婚する運びとなり、八月に養父の俳諧宗匠でもあった一水庵荷村のもとにあいさつにうかがい、十月にささやかな式を挙げることになったのである。波瀾な結婚の幕開けといったところながら、小林はかねて笛川庵には何かと相談していたようで、「恋を捨《ステ》て苦もなく楽も」といった正月あいさつの句にも、小林の複雑な思いが込められていたのであろう。結婚した明治三十二年は一年間の日記がないため、その時の様相などは知ることができない。

その後のコウとの結婚は平穏で、終生大切にし、明治三十四年六月には長男が誕生、名は義祖母のフサから「富佐雄」としたことはすでに述べたところである。コウとは落ち着いた生活を続けており、明治三十三年一月一日には「夜八時、妻同道一水庵ヲ訪フ、十時帰宅」と、養父への新年のあいさつに訪れ、一月三日には「妻同道、豊秋ノ天下茶屋別荘ニ行ク」、「呉服店ニテ夜具地ト妻ノ羽織ノ裏ヲ買フ」（一月五日）、「昨夜来妻感冒ニテ在床、夜、宇野医師来診」（一月十三日）などと仲睦まじい暮らしぶりでもある。しかし一行員の所業とはいえ、名の知れた銀行だけに社会は黙ってはいなく、興味深い話題として伝えられ、なかなか噂は収まろうとしない。「新妻を追ひ出したひどい奴だといふ評判が、銀行内の噂になる。『朝日新聞』は名前を変へて艶種記事を作る」というありさまであった。一月二十三日の日記に、

朝日新聞雑報ニ「自慢女房」出ヅ、事実大ニ無根ノフシアレ共大ニ閉口、

と、実名は出さないまでも「自慢女房」という見出しによって揶揄した、いささか事実とは異なる内容も書かれてしまう。銀行の関係者にはすぐに小林の不始末と顰蹙を買ったはずで、これには小林本人は勿論、上司もこころよくは思わなかったことであろう。

後に北浜銀行取締役になり、当時は小林一三の上司でもあった小塚正一郎が留守中に訪れ、「岩下清周氏余ニ面語ノ用事アル由伝言ス云々」（一月二十七日）と妻のコウに言伝する。岩下は大阪支店長、伝言というので翌日にはすぐに訪れるが留守、二十九日には再び留守中に岩下が訪れるという行き違いがあり、やっと三十日に面談することができる。岩下氏の用談というのは、

東京ニテ小野金六氏ニ遭フ、旧妻ハ既ニ全ク離縁セシモノナルヤ早ク処置スベシ。お玉は断然入家さしては何《ど》うジヤ云々

と、東京で挙式した女性はお玉という名前のようだが、相手は離縁の意思を示しているとはいえ、どうあっても家に入れて結婚を続けるようにとの説得である。小林は、「其厚意ヲ謝シ、告グルニ実《まこと》ヲ以テス」とするように、もはやその考えはなく、コウとの家庭を心底から築いていくという決

意を示したのであろう。小野金六は同郷の親戚、関東における経済界の重鎮として存在しただけに、岩下はとりなしを依頼されていたのではないかと思う。なお予断ながら、後に小林一三の生み出した阪急電鉄の初代社長に岩下清周、二代目に平賀敏が就任するだけに、不思議な運命のとりあわせといえるであろう。

一月三十一日に平賀宅に寄り、「先妻離縁ノ事ニ付キ東京滞在中、市川君ト相談ノ上根岸様ト談合相スミタル由云々」との話を聞く。前日の三十日にも平賀に会っているので、「東京滞在中」というのは、それ以前のことなのであろう。市川というのは、同年五月十九日に「腰越の市川君を訪ふ。大阪支店次長は勿論不平で在るが一寸でも赴任しなくてはなるまい。お気の毒な事だ。然し体が大分壮健で在るやうに見受けられるから兎に角結果だ」とする、その後三井銀行大阪支店次長に赴任する人物であろう。小林は上京した折、体調を理由にして大阪行きをためらっていた腰越（鎌倉市）の市川を訪れ、大分壮健になっているので大丈夫だとする。平賀と市川はすでに相談しており、小林の決意の固いことを知ってすぐさま連絡したものか、根岸の笛川庵にも伝え、それではもはや仕方がないということになったのであろう。二月十三日に加島銀行の招待で平賀敏や岩下清周などと出かけ、帰りにホテルで玉突き、夜十一時になって帰宅したのだが、岩下は小林に同道して家に立ち寄る。「新妻コウヲ見シガ《（ママ）》為メカ？　夜中既ニ寝間ヲ敷キタル事トテ勝手元ニ飛込マレ閉口」とするように、岩下は話題のコウを見ようと、夜中ながら小林宅に訪れようと同道したという。これまでには正式にお玉との離縁も決まったこともあり、上司もすっかり安心する事態になっていたのであろう。

このような経緯もあり、小林は昨年来自分に降りかかったさまざまなあらぬ噂も含めて弁明しようと、しかもいかに今の結婚が正当で幸せであるかを強調するためもあり、二月十日の日記に記すように、「万歳新聞」に「小林市造ト妻お幸」の小説を発表することにしたのであろう。新聞のゴシップにまでなった自分の結婚騒動について「一笑ノ値モ」ないかも知れないが、「怒ル事モ出来ズ」と世間に怒りをぶつけることもできないだけに、小説にしたことを明らかにする。

なお日記によると、二月二十三日の条に「おこう養老母百ヶ日ニ当ル、同道午後五時川亭ニ行ク」とあり、コウの養母が前年の十一月に亡くなったのか、その百カ日の法要を養父川亭一水庵のもとで催したという。この後も川亭行きは頻出し、その一部だけを抜き出すと次のようにある。

「夜、妻同道川亭ニ行ク」（三月十日）、「銀行退ケ後川亭ニ行ク、妻ハ昼頃ヨリ行キ居レルガ故ニ、日がらきにて夕飯」（四月十三日）、「夜、川亭ニ行ク」（「往訪」欄に「一水庵」とする。四月二十六日）、「川亭三人来ル、妻同道呉服店ニ行ク、夕、妻同道心斎橋十合《そごう》ヨリ道頓堀ニ行キ、川亭ニ立寄ル、八時帰宅」（六月一日）、「川亭ニ行ク、妻同道、帰途心斎橋ヲ散歩ス、妻戸籍ニ関シテ也」（六月八日）、「夕、妻同道道頓堀ヨリ心斎橋ヲ散歩ス、来訪、川亭一水庵」（七月二十日）、「夜、妻同道川亭ニ行ク、夜、前妻の祖母死去ノ報アリ、夕、妻行ク、明日葬式ノ筈」（九月二十日）、「川亭ニ行ク、お幸籍ニ付キ調印ヲ乞フ為メ」（十月二十九日）

これ以外にも川亭行きは見いだされ、その大半は妻コウ（「こう」「幸」ともする）と同伴の訪れで、場所は道頓堀にあったと知られる。十月二十九日に戸籍の「調印」について記すところからすると、このころの入籍であろうか。また、九月二十日に先妻の祖母の死去の知らせがあり、葬儀のためコウが参列したようである。「先妻」とすることから、いわば小林一三はコウと再婚であったことになる。

3　戯れの俳句

すでに紹介した資料に、巻末に「明治廿三年十月三十日」と印刷した罫線入りのノートが存する。上段には囲みで「勅語」とする、いわゆる戦前の「教育勅語」の全文があり、この発布されたのがこの日づけであった。下段には明治の年月と、「授業時間表」として曜日と六時間目までの課目を書く空欄が設けられる。この年は小林十七歳の学生、記念として売り出されていたのを購入してすぐに用いたのか、雑記帳として折々に使用していたのかは明らかでない。この巻末近くに、「東洋銀行頭取」とする小説の概要が書かれていることは述べたところである。

初めの数ページはきわめて薄い鉛筆書きの部分、その後に筆によって次のような俳句と文章が記される。

煤掃

三点　すすそつと払ひ参らす彌陀如来　　文々

〃　羅山尚書斎を出でず煤払　六成
〃　煤掃し其夜楽寝や雨の音　可成
二点　何事ぞ惟然《いぜん》の留守を煤払　蝶左
〃　枯枝に鮭つるしけり煤払　六成
〃　ゆくりなくうせ物出たり煤払　蝶左
一点　煤掃の男姉さんかぶり哉　仝
〃　煤掃や椽に踞座《きょざ》して昼の飯　可成
〃　煤取や婆と孫とは日溜《ひだまり》に　黒鳥

雑談に曰ふ、「煤掃し其夜楽寝や雨の音」、あく迄も梅室、蒼虬《そうきゅう》時代の面影ありと笑ふ。「何事ぞ惟然の留守を煤払」「何事ぞ」とは実に何事ぞ、上五文字を改めずんば此句値なしと。「枯枝に鮭つるしけり煤払」は故人の句に「煤払梅に下げたる瓢《ふくべ》哉」あれば換骨奪胎以下のそしりを免かざるべし。「煤取や婆と孫とは日溜りに」の句に至っては月並み中の月並みなるべし。日溜りの五文字、聊か無理なりと、六成こぼして言ふ。点外の句に、

　　蟇六を罵る奴婢や煤払　　六成

あり。諸君の一顧を得ざりしをうらむと自から得意の句にて捨てられしもの、独り六成のみならむやといふを聞けば、

　　煤払逃ぐる彦三を胴上す　　文々

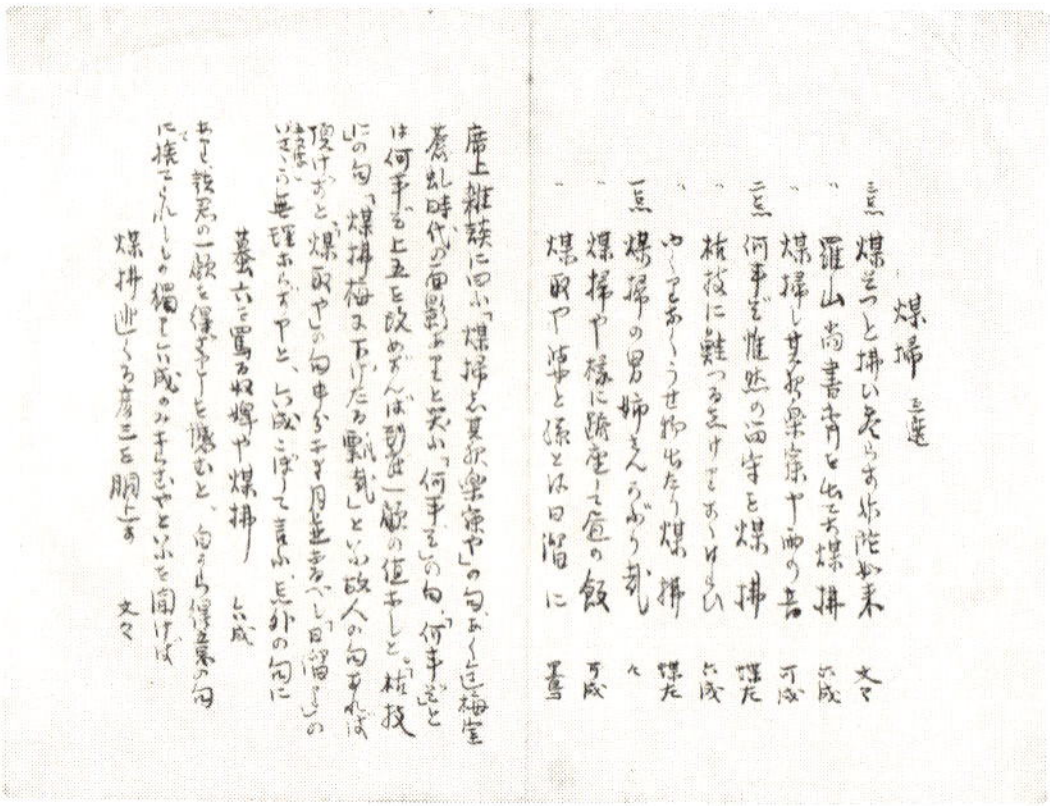

煤掃草稿

参加者は文々、六成、可成、蝶左、黒鳥の五人、いずれも号を用いているため本名は不明ながら、「蝶左」は小林一三が明治三十五年三井銀行本店の調査係主任になって以降に用いるようになった「調査」をかけた号である。小林はこの任務のため、以後全国の支店を調査のため回るようになり、一段と見識を高めていく。

「煤掃」は「煤払い」とともに年末の行事で、小林は仲間と句会をし、批評しあって点取りの遊びをしたようである。その後の合評も記録しており、初めの可成の「煤掃し其夜楽寝や雨の音」について「梅室、蒼虬時代の面影」の句として笑ったという。桜井梅室、成田青虬はともに江戸後期の俳人で、正岡子規が月並みとして排した代表的な俳人でもあり、いまだに古い句を詠むと一座の者は笑ったというのだ。小林と同僚の俳句仲間であろうか、子規の影響のもとに俳諧の勉強も切磋琢磨していた様相を知ることができる。

蝶左の句が二点の評を得た句について説明しておくと、廣瀬惟然は美濃の人、妻子を捨てて出家し俳諧の道に入り、後に蕉門の十哲に数えられた人物である。おそらく、背景となるのは元禄七年の連句「小襖《こぶすま》に左右の銘は煤《すす》びたり」「都を散ツて国々の旅」が念頭にあり、惟然が旅に出て「小襖」（居所）を留守にしている間に煤払いするとは「何事ぞ」と、おどけたような驚きのことばを発したのであろう。ところがその上の五句の評判が悪く、これを訂正しない限りこの句は意味がないとも評する。ただ、このような句を提出して批評するというのも、人々は惟然坊の句や経歴を周知していたからにほかならなく、俳句を嗜む仲間としてだけではなく俳諧の知識も豊富であったと知られる。

「煤払梅に下げたる瓢哉」の換骨奪胎とするのも、「故人」というのは芭蕉を指しており、『七部集』に収載された既知の作品であった。「煤取や婆と孫とは」にしても、月並みの中でも最たる月並みの句と酷評する。このあたりも、人々に子規の俳論が浸透し、新しい俳句を詠む影響の大きかったことを知るであろう。子規の『寒山落木』には「煤払」の句が多数見受けられる冬の季語なのだが、そこに収められる「南無阿彌陀仏の煤も払ひけり」などは文々の句と関連してくるようにも思う。なお、ノートには、たすき掛をして姉さんかぶりの後ろ姿が描かれ、手にははたきのようなものを持つ絵が描かれるが、これは「煤掃の男姉さんかぶり哉」とする小林自身なのかもしれない。

ノートの句を清書したのか別紙も存し、そこには次のように自らの見解が記される。

すゝはき

誠に塵の世の中なればにや、神代の昔より、既に天の新巣の凝烟払ありとか。我等同人ひねもす俗事に追ひ廻はさるゝもの、一夕俳莚に集りて、渋茶をすゝりつゝ駄句を競ふ。楽み自から其中に在り。而かも亦進歩あるべし。一度は得意なりし句も、忽ちに古りて、塵と捨つるぞ嬉しからずや、げに捨る神あれば、則ち拾ふ紙ありて、今こゝに同人の反故を集む。又煤払のたぐひならずとせんや。

乙巳霜月

「煤払」は、神代の昔からあったと、大国主神《おおくにぬしのかみ》が高天原《たかまがはら》において「天の新巣《にいす》の凝烟《すす》の八拳垂《やつかた》れるまで焼き挙げ」た例を示し、同人が渋茶を飲みながらの句会、塵のように捨てるものながら、「捨てる神あれば拾う神あり」ではないが、自分は「反故の紙」に書き留めておいたと釈明する。「乙《きのと》巳《のみ》」とするので、これは明治三十八年十一月のことであったと知られる。

さらに続いて「入営」「鴛鴦」「冬の月」「榾《ほだ》」の四題に「六成、黒鳥、可成、蝶左　互選」とするのは、いつもの俳句仲間がこれらの題で作句して互選したというのであろう。「入営」の作品を示すと、

二点　入営す人気役者の通りけり　蝶左
三点　入営の朝まだき霜満天　仝
二　入営や太郎作の意気天を衝く　六成
一　入営や大和男の子人と成り　仝
気は世を蓋ふ入営の兵士哉　可成
入営の子を気遣ふや女親　黒鳥

とあり、点の付されていないのは選外なのであろう。徴兵は明治維新後に実施されるとはいえ、甲種合格したところですべてが入営するわけではなかった。ところが、日露戦争の時代になると強制的になってくるのだが、これはそのような政情を反映しての句なのであろう。子規にも冬の人事に「入営を親父見送る朝まだき」を見いだす。また、これより早く明治三十一年一月十六日の日記に「午後四時頃丸の内ヲぬけ本町御門へ出る時」として、

新兵の行儀作法や御代の春

があり、町中でも普通に兵士を目にする機会も増えてきたのであろう。

ノートだけではなくさまざまなメモ紙にも俳句を書き付けていたようで、反古の裡《うち》からこんなものが出て来た、是れは深川の市川君へ入門をすすめた俳諧か？（三十四年八月三十一日）

と自分でも忘れていたのか、明治三十四年の連句を転記する。

○深草にはてなき虫の鳴音哉
○川に流るゝ月の静かさ
○丈かねて露もおもたし女郎花
○店にも客の絶へし十二時
○詰合の鎌倉武士や五六人
○市川家には過ぎたむこ君

○川風に帆船の早き流かな
○高い駄賃に峠路の駕
○策つきて寝なんとすれば月高し
○君は紅閨夢の真夜中
○勧むべし酒の香りや萩の花
○入山形に二枚姿絵
○門番の爺の皴や今朝の秋

頭字の文字に丸印を付しているのをたどると、「深川支店詰市川高策君勧入門」となり、市川高策に俳句をするように仕向けたもので、このようなおもしろいことば遊びができると具体的に例を示したのである。「深川の市川君」というのは、すでに示したように先妻との離婚について相談し、「根岸ヲ辞シ築地ニ市川君ヲ訪フ」（明治三十三年十一月三日）などとする親しい関係で、「本日村上君ヨリ東京深川支店倉庫係長ヲ申渡サルベキ私状来ル」（明治三十三年十二月二十四日）と、小林は深川支店の倉庫係長になるが、そこでの同僚でもあったのであろう。毎日顔を合わせることもあり、市川を俳句仲間に入れようとの誘いである。ただ、翌年の十月六日の記事によると市川は横浜支店に転出しているので、集まって俳句を作るまでにはいたらなかったかも知れない。

「煤払」（「煤掃」とも）とか「入営」といった連句の楽しみは、銀行内の同好会か仲間たちなのであろう。例を示すと、俳題「木ノ芽」「口笛」

口笛は合図なりけりおぼろ月（明治三十三年二月九日）

銀行ニテ句アリ、世評区々、

蟬なくやそれからそれと夏木立

稲妻やはだかのまゝの夕涼

夕立の今にも降らん雲の峯

是れは近頃罷役云々の下馬評盛ナルガ故也（明治三十六年八月四日）

などがあり、「俳題」とするのも銀行での句会に出されたものであろうし、「銀行ニテ句アリ」とするのはまさに行員たちの集いがあり、合評会があったことを示している。「罷役」は判然としないが、世話役をしていた小林が辞めるとの風評があるため、むしろ張り切って句を提出したというのであろうか。

銀行での句会だけではなく、出張などがあると旅先で句を詠み、手帳にメモをし、帰宅すると日記に書き込みもする。また、「近松の『曾根崎心中』を読む。この美文の片々は即ち俳句の好材料たり。試みに」（明治三十五年十月十二日）として、

春の旅三つゞゝとをと三津の里

花曇り笠はきずともめさずとも

鶯や七千余巻の経堂に

と、近松の作品などは句作の試みには最適とし、「再考を要すべき句のみ」とその鍛錬を自戒もする。この時代の小林は写生句もありはするが、古典を題材とした作品を得意ともしていた。

4 句集『未定稿』と『鶏鳴集』の編纂

学生のころから雑誌の編集などをしていた小林にとって、自らの俳句作品を一書にまとめようとの思いは早くから抱いていたはずである。現存するのでは、題箋に「桐のはかげ　全」とする類題句集で、巻末に「明治四十一年春」としておよそ三百十数句を収める。まだ定稿ではなく下書きだったのか、墨で抹消するのが七句、十四題の括りで整理しながらも、無題のまま配列した句なども存する。初めの部分を引用すると、

村正の太刀鋳けりな江戸の春
祝砲や百一発に明のはる
万歳のしかめつらしき門出哉
こゝろみる婦に酒や花の春

新年河

初日の出こゝに坂東太郎あり
将軍の力自慢を小松曳く

番町やかるたに更《ふけ》る門長屋

羽子ついて見るや羽子板買ひながら

貴人の御門入りけり若菜売

と続け、内容からすると題は「新春」、「万歳の」「こゝろみる」は抹消し、「初日の出」と「貴人の」に傍線を引くのは推敲するつもりなのであろうか。この後も「門司」「富士見三景之一」「大宰府三句」「都踊」と並べているとはいえ、部立の意識はなく羅列しているだけで、「三句」としながら無関係な句を十句以上も並べるなど、ともかくまとめて書写した程度といった感じである。

引用した句によっても瞥見できるように、小林にとっての関心は古典の世界にあり、「村正の」では戦いのない平穏な日々が続くため、名刀とはいえ錆びてしまったと、江戸の武士のめでたい世に空想を馳せる。最後の「貴人の」は「あてびとの」と読むのか、新年の七草の若菜を求められた農夫が、立派な門をくぐる姿を対照的に描く。

どのような配列意識かはともかく、明治四十一年までにはノートやメモとしてそれなりに句作したはずで、一応の基準で冊子にまとめたのが『桐のはかげ』であった。後半の「舞子公園」の題のもとに三十三句が並ぶとはいえ、これがすべて舞子を訪れた折の作品だった確証はない。小林が舞子を訪れた記事を日記から拾うと、

(1) 平賀支配人同道舞子ニ行ク、雨中小丘ヲ跋渉ス、亀屋ニテ夕食（明治三十三年七月六日）

(2) 島定次郎、島谷君ト舞子ニ行ク、（同九月九日）

（3）　昼過ギカラ松下君ニ招カレ皆々舞子ニ遊ブ、亀屋ニテ夕食、十五夜の月皎々たり、十一時帰宿、中々面白カツタ、
下戸ばかり三人旅や秋ノ月（明治三十六年九月六日）

『桐のはかげ』表紙

の三度あり、そこに「下戸ばかり」を記すとはいえ、『桐のはかげ』に見いだすことはできない。このような事例を見ると、小林は過去のすべてを収載するつもりではなかった。「舞子公園」から一部を抜き出すと、

拾ふてはならぬ松露のこぼれけり
松茸を尾花にさして土産かな
紫の葡萄に月の雫かな
毬栗《いがぐり》の毬踏にじる雪駄かな
桐一葉発句書くべく拾ひけり
うづたかく秣《まぐさ》つみけり花芒《はなすすき》
三吉の手ばな拭きけり花芒

などと列挙され、舞子で詠まれたと処理できる句も存するし、「三吉の」などはふさわしくもない

ように思う。この名前からすると、浄瑠璃の『恋女房染分手綱』のよく知られた「重の井子別れの場」の泣く三吉の姿ではないかと考えたくなる。また「繙《ひもと》くや源氏にはさむ薄紅葉」などは、舞子から須磨、明石を訪れ、そのゆかりで読みかけの『源氏物語』の本に薄赤く染まった紅葉を挟んだとすると、小林の古典に親しむ優雅な姿が彷彿としてくる。

『桐のはかげ』と同じ時期に編纂していたのが、没後見いだされた『未定稿　逸山』とする句集で、こちらは明治三十五年九月二十四日から四十一年春までがほぼ年代順に並べられ、そこには九八六句の俳句と三首の和歌、それと連句が収められる。ただ両者が重なるわけではなく、共通する句はわずかにしかすぎない。たとえば右に示した『桐のはかげ』の「舞子公園」で示した八句のうち、『未定稿』には「拾ふては」を見るだけで、そのほかの大半は無関係な存在にある。「三吉の」については、『未定稿』の明治三十六年十一月十一日の条に「十月二十一日旅行、大津、四日市、名古屋」とし、その初めに、

　馬道の手ばな拭きけり花芒

と、初句が異なるだけの句があり、これなどはどちらかが一部を変えて再利用したことになる。わずかな違いとはいえ、一方は芝居の舞台で母と別れる三吉の姿、

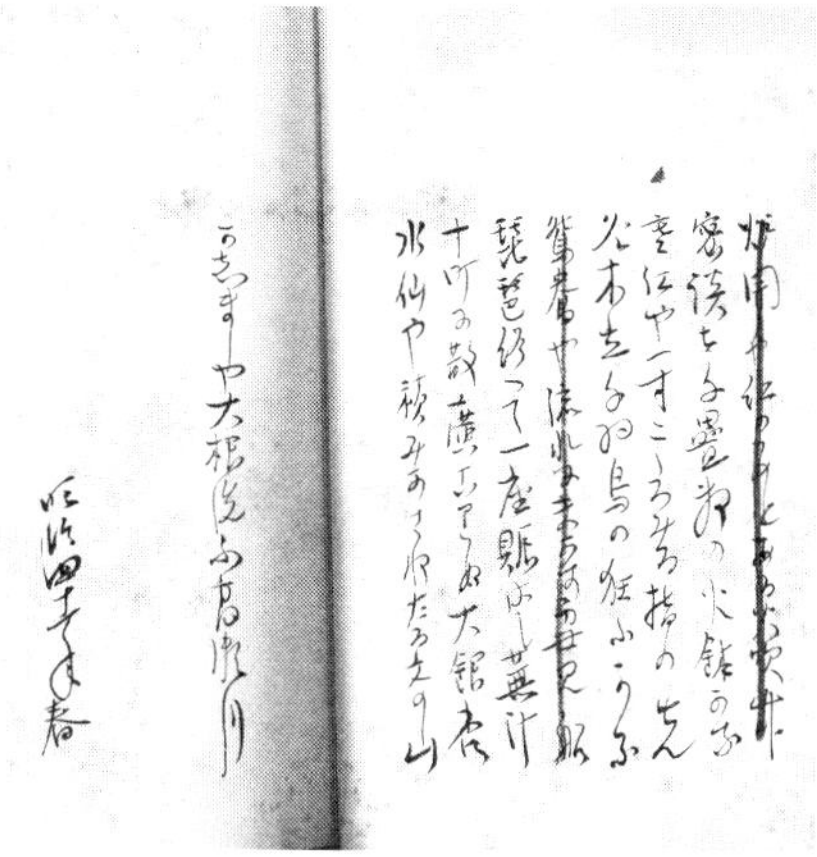
『桐のはかげ』巻末

後者は道中での句となり、情景はまったく異なってくる。自ら『未定稿』とするからには、『桐のはかげ』として一書にしながらも、別に年代順の俳句作品を編纂しようとしていたのだろうが、『桐のはかげ』の句を吸収しているわけでもなく、また『未定稿』から抄出したわけでもないだけに、両者はどのような関係にあったのか、今のところ判然としない。

小林一三の事業を継承した三男の米三の記すところによると、

亡父の書だなを整理していましたら、明治三十五年九月から四十一年春までの句集が出て来ました。粗末なノートに「未定稿　逸山」とあります。約一千句、筆がきあり、鉛筆がきあり、毎月句作しているかと思えば、二・三カ月とんでいる年もあり、春夏秋冬に分けている年もあり、文字通りの「未定稿」なのであります。

とあり、書棚を整理してたまたま見いだしたとし、これを契機に一三の俳句への遺志を実現させようと出版することにした。

このノートだけならそれほど苦労はともなわないはずながら、資料を片づけていると、次々と俳句を記したノートやメモなどの資料が出現し、『未定稿』の刊行だけではすまなくなってくる。

句集らしいものは、この「未定稿」だけでありますが、その他のメモや手帳・日記を見ますと、多数の俳句・和歌・詩・狂歌が出て来ました。車中ブツブツ口のなかで呟いている時は「日下句作中」で、出来上がるとノートを出して書きこんでいた姿を思い出すのであります。

小林米三はほかにも数多くの俳句の資料を目にし、父一三と車に乗っていると、いつも口のなかでぶつぶつとつぶやき、句ができるとすぐにノートに書きつけていたのを思い出す。絶えず記録し続けていた姿、寸暇を惜しんでの句作だけに、このまま放置すれば散逸するであろうし、書いた時間も無意味になってしまいかねないため、

以上の如く多数の句や歌が出て来ましたので、一つにまとめました。生前、親しくおつき合い願った方々に贈った短冊や色紙も相当にあり、それも皆様の御好意により拝借して加えることが出来ました。取捨選択したら、という意見もありました。数多いなかには、存命中なら発表することも許されない駄作もありましょう、雅俗とりまざったものではありますが、そのままにまとめました。

と、この際『未定稿』だけではなく、それ以外の作品も可能な限りまとめることにしたという。そのために編集委員会を立ち上げ、残されている資料だけではなく、数多くの知人などにも問い合わせ、短冊や色紙など所持していれば借用してまとめる作業をすることになった。依頼状、借用の受け取り状、それらを転写するとともに一句ごと短冊に記して五十音順に並べ、『未定稿』と重複した句は削除し、あらためて年代順に写していくという根気のいる作業を続けていく。それらの作成過程を示す資料が残されてもいる。このようにして七回忌の追善として、昭和三十八年一月二十五日発行という命日に合わせ、『未定稿』と『鶏鳴集』の二冊を刊行するにいたる。後者は俳句八四九句、和歌四九四首、漢詩二七首、狂歌一三首を含むという数値だが、まだ未収録の作品もあるため、総計すると俳句だけでもさらに千句は増えそうである。ともかくこの二書によって、小林の子

供のころから作り続けてきた俳句作品が世に出ただけに、本人としてもうれしく思っているに違いない。

5　心情表現の句作

若い頃の俳句は、古典の世界への傾倒もあり、一種の翻案物的な存在として詠作してきたきらいがある。それがやがて子規などの新傾向の影響も強いのだろうが、叙景句となり、平易なことばを用いての自己の心情をすなおに吐露するようにもなってくる。ともかく小林は子供のころから文章を書くのが好きで、小説でも随筆でも気軽に筆を執る訓練をしてきており、俳句もその表現方法の一つであった。小林米三も回想しているように、車に乗るとそのわずかな時間でも惜しむように句作に夢中になるというありさまで、向かっている用件などもしばらくは忘れてしまうのであろう。もう一つのエピソードを、「九州電力の鬼」とも「電力王」とも呼ばれた松永安左衛門（耳庵）が書き残している。

小林は『逸翁自叙伝』に「疑獄事件の真相」として書いているのだが、明治四十三年二月に収賄容疑で収監されたことがあった。箕面有馬電気軌道会社の発足は明治四十年十月、さらに路線の拡大をめざし、京都と大阪を結ぶ京阪電車と箕面線との連絡の計画のもとに、四十二年三月に京阪野江駅への市内電車を走らせる軌道敷設の認可を受けた。この野江線の申請にあたり、大阪市議会の許可が必要となるのだが、手続きも相談相手もなく、当時神戸で福松商会を成功させていた松永に相談し、その支援によってうまくことが運ぶことになる。ところが翌年に野江線の契約が疑獄事件に発展し、登記所登記官の買収問題も生じてしまう。福博電気軌道鉄道事業に当っていた松永は予審判事の令状により大阪へ召喚され、小林とともに拘引されてしまう。松永は一刻もはやく九州に帰りたいところだが、とりあえず弁護士が当局と協議をしている間は自由がきかない。

こんなことにいつまでも引っかかっていたのではたまらんと思っていたが、肝腎の小林一三は落ち着いたもので、森さん（弁護士）が調べに行ってる留守の間、俳句を作っている。だいたい、三井銀行にいる頃から俳句は上手だったが、これを五十句ぐらい紙に書いて、「どうだい、見てくれ」という。私は腹立たしくて「俳句どころの騒ぎかい。今日は九州に帰らんと、電車の開業前で、いろいろ準備があるので困るよ」といったが、この時は一晩ぐらい泊っただけで、その打ち合せをして帰り、開業のため昼夜兼行で働いていたところ、明日は開業式という前夜に引っぱられてしまった。（「半世紀の友情」『小林一三翁の追想』所収、昭和三十六年刊）

松永は二月に一度福岡で拘引され、二度目は大阪に出向くことになったようで、結果は三月三日に罰金による釈放となり、大阪市助役の松村敏夫が有罪判決となった。なお福博電鉄は三月九日に単線で開通の運びとなる。自らも述べるように、真相は明らかではなく、野江線も実現しないままとなった。疑獄の嫌疑をかけられて身柄の拘束という異常な状況にありながら、俳句を作りはじめるとその世界に没頭するというのは、小林米三の証言とも共通しており、まさにこれが粋人の生き方といえるかもしれない。
日記の明治三十五年十月七日の条に、
明日は中上川さんの一周忌だ、銀行の退け後に青山墓地へ詣でた。立派な石碑が出来た。どんなエライ人でも早死をしては駄目だ。
夕刻から星岡茶寮で中上川氏追悼会というか同人の恩顧を受けた連中が廿四人許り集つた。いろ〳〵面白い話が在つた。高野サンの為メニ、
重箱を半歳かじる歯の強さ流石三井の白鼠也
と狂歌をやつた事が在るそうだ、面白い歌じや、
母上に隠してぬくや初白髪
これも中上川氏の発句だそうだ、是れはまづい。
と、前年の十月七日に、「三井中興の祖」ともされる、四十七歳で没した中上川《なかみがわ》彦次郎の一周忌の記述を見いだす。このころの小林は、三井銀行箱崎倉庫主任として勤務していた。中上川は福沢諭吉の甥（母は諭吉の姉）、官僚から井上馨の要請もあり、三井の組織の建て直しに辣腕を揮った人物でもあった。あまり健康ではなかったのか、明治三十三年一月二十九日には「中上川専務理事病気ニテ大磯箱根地方へ転地療養」という記事があり、翌年に亡くなってしまう。
一周忌にともない、小林は葬られている青山墓地に詣で、立派な墓石だとしながらも、早死には「駄目だ」と惜しみ、夕刻からは恩顧をこうむった同人たちと追悼会の催しに加わる。当時の麹町

に建てられていた星岡茶寮は茶道の席として、また北大路魯山人による高級料亭としても知られ、政財界の人々による重要な会合場所としても用いられた歴史的な存在であった。二十四人の同志は、生前の中上川の活躍ぶりを偲び、そこでの話題に狂歌や俳句の話題も出たのであろう。「高野」という人物は不明ながら、重箱の隅までもかじるような半年の努力によって三井の立ち直りのきっかけもあっただけに、強靭な意思力を持った大黒天の使いの白鼠のようだと称賛したのであろうか。狂歌や俳句が詠まれる風土が、三井銀行に存したと知られる。翌年は三回忌、同じ十月七日に、

帰途、青山ニ中上川サンのお墓参り、夫レヨリ星ガ岡茶寮ニテ追悼会、出席者二十五、六名。
九時帰宅。

とし、ほぼ同じようなメンバーが集まったようである。

このような記事を日記に書く一方では、『未定稿』の同日条に、「中上川様一周忌にて青山墓地へ墓参す」とし、別紙にしたためていたのか、次のような俳句を列記する。

名を秋女行年十八とよまれけり
旧き墓新しき墓皆しぐれけり
虫の音やはかなき草の乱とうば
秋草の既に枯れたる墓前哉
行く秋を墓参の老婆孫も子も
ヤソ教の墓新しく神無月

数万の墓石大小秋の暮

有縁無縁墓地を行くや暮の秋

見よ、死して尚貧富のあるにあらずや

青山や浮世のまゝを墓参り

小林は一周忌の集まりの少し前に青山墓地におもむき、中上川の新しい墓石に参るとともに、敷地内を散策していているうちにふと口からことばが紡ぎ出されてくる。一つに目が止まると、そこには「秋（あき）」という女の名、たどって読むと「行年十八」と書かれているではないか。今はまさに秋の十月、その訪れとともにこの世を去った若い女性「秋女《しゅうじょ》」の姿を思いやり、小林はしばし感慨に耽ったことであろう。見渡す限りの墓、そこには新旧の違いはあるにしても、夕暮近い時雨にいずれも憂いを帯びた静かなたたずまいを見せている。「旧き墓新しき墓皆しぐれけり」は実感そのままで、三井を奮い立たせた中上川もここに眠っているのだ。朽ち乱れた卒塔婆の草陰にすだく虫の音、草も枯れかけた中から嗄らすように鳴く声が夕暮とともにしきりに聞こえてくる。行く秋を惜しむように老婆と孫の墓参する寂しい姿、等しく泉下の人となったとはいえ、その上に建てられた墓は貧富の差が歴然としている。青山の墓地は、そのままこの世の姿を反映していると、あがないようのない現実に小林は覚醒するしかなかった。ここでの俳句はことば遊びではなく、人の世の営みや死者と対話する姿を、短詩によってあますことなく表現できる方法を発見もしたはずである。

小林一三の現存する日記は明治の末年から大正時代を欠き、昭和も二十年一月十七日以降が残される。毎日空襲警報の記事、新聞による連日の報道におののきながら、自然はいつものように変わりのない推移、

空襲に燈火消して開け放つ窓に梅が枝冬の夜の月（昭和二十年一月十七日）

飛行雲棚引く空を眺むれば静かに消ゑて春風ぞふく（同年三月十九日）

落椿踏んでゆくなり大覚寺（同年四月二十日）

三とせごし茂るがままの松が枝に鋏の音を聞くもうれしき（同年七月三十一日）

などと、歌や句を口にする。敵機の飛び去った後の飛行機雲、ひとまずの難を逃れたと思いながら空を仰ぐと、何事もなかったようにおだやかな春風が吹いているではないか。繁るままにしていた松の手入れ、明日は空襲で燃えるかもしれないと思いながら剪定する鋏の音にしばし憂き世を忘れてしまう。

東京や大阪の空襲、焼失した家々のさまは連日報道され、池田に住む小林邸の上空を毎夜のように大阪市内に向かって飛来する飛行機、生きた心地もしないとはいえ、それでも日記は毎日詳細につけていった。「六日から七日にかけてB29少数機が広島を初めて新型の爆弾で脅かしたそうだが、此新型の爆弾は、落下傘式によるもので途中から数十個に分解、空を圧すといつた猛烈なもので、死傷算なしといふ惨状だとの事」（八月七日）と、広島への原爆投下を記し、その後連日のようにその悲惨な状況を記録し、ノートには新聞記事を切り抜いて貼り付ける。

敗戦後の八月三十一日には、

広島長崎を破壊した原子爆弾に就ていろ〳〵の記事を読んだが其惨状、其奇蹟的生存者の直話等随分、世界に初めての出来事であつた丈に、将来の参考となる資料も沢山にあつて軽々に観過すべきでないものも有るが、今日の朝日に載つた太田洋子女史の「原子爆弾を浴びて」の一文は文学的にも、記録的にも、今迄私の見たものの中の最優等のものであつたのを喜ぶのである。私のスクラップブックに貼つて永久に保存したいと思ふ。

とし、その新聞記事を貼付し、感動した文章の一部を書き抜いてもいる。「太田洋子女史はどういふお方か知らないが、私は此女史を尊敬したい」とも加え、この新型爆弾に関する資料や記事も多数集めて調べもしたようである。太田洋子（一九〇六〜一九六三）は小説家、広島に疎開していて被爆し、その後原爆症に苦しみながら作品を書き続けていった。

小林は戦後の混乱期、経済の自由競争を説き、生き方を模索し続けていた。とりわけ公職追放から解除されるまでの五年半、自ら表に出ないように律した不遇の時代ではあったが、それだけに時間的な余裕も生じ、むしろさまざまな方面へ関心を持つという充電期間でもあった。社会の動向に焦燥するような思いを抱きながら、政治からはことさら離反し、茶や古美術を愛好し、日記に思いのたけをぶつけ、一部は原稿にして発表することもあった。やがて人々から待望されての再出発、七十八歳とは思えない豊かな発想を駆使し、すさまじいまでの猛進ぶりを示すのがその後の生き方であった。

原子爆弾の投下から十年、戦後十年目の夏が訪れた日の日記に、「朝日新聞」の「天声人語」を切り抜いて貼り付ける。

「原爆忌孤児寄り父母の墓洗ふ―飯沼寒街」あれからもう十年たつ。六日が広島、九日が長崎。十年を経た今でも原爆症でコロリと死ぬ人が跡を絶たない。「言継ぎて忘るな星の涼しきにも―石塚友二」▼句集『広島』のページをめくると、あの日のすさまじい業火の思い出と、それから十年の苦悩がつづられている。「雅子逃げよと下敷の身の焼けつつも―高丸あき」この家では雅子ちゃん一人残して一家全滅。（昭和三十八年八月六日）

初めの部分を引用したが、その記述は当時の悲惨な状況を語り、原爆に遭遇した人々の悲痛な思いの句を列挙し、最後は「死の影なほ石段に平和考へり―沼崎英夫」とするのでしめくくられる。

この記事を読んだ小林は、

今日の各新聞は「原爆十周年」の記念回想記事で一杯であるが、いろ〳〵と長く書いても結局此俳句に勝るものはなかつた。俳句といふ小文学もかゝる場合には偉大なる芸術と言ひ得るかもしれない。

と記す。八月六日は広島の原爆忌、小林は各新聞で特集する「原爆十周年」の記事を読みながら、どのようにことばを尽くしてその悲劇を描写し、今なお苦しむ被爆者の現状を報告したところで、ここに示された俳句という「小文学」に勝るものはなく、これは「偉大なる芸術」といえるかもしれないと称賛する。

雑誌「世界」の昭和二十一年十一月号に、桑原武夫が「第二芸術論─現代俳句について─」を発表、これは社会的に大変な反響を呼び、とりわけ俳人たちにとっては強い反発も生じる。現代俳句は人生を表現できなく、他の芸術とは区別すべきとの論調で、当然のことながら小林一三もその論議は知っていたはずである。これは俳句に限らないことで、小説にしても、絵画や音楽、演劇においても、現代の人の生き方を表現できるのかといった芸術全般にもかかわる、たえず時代ごとの重要な課題ではあろう。

「天声人語」という、千文字にも満たないコラムに、この日は二十三句もの俳句が引用され、「原爆十周年」のテーマを展開していく。各新聞では回想記事の特集を組み、多くの文字数を費やしているのだろうが、小林はいくら長く詳細に書いたところで、「結局此俳句に勝るものはなかつた」と断ずる。五七五というわずか十七文字の俳句、凝縮された世界が存し、そこから無限に広がる想像の領域にあらためて驚嘆し、芸術性が高いと評価したことばなのであろう。句集『広島』は同じ年に私家版として出されていたようで、その冒頭に「原爆忌」の句が「愛知　飯沼寒街」として収められる。このわずか一句ながら、ことばの数を尽くして説明する論評に劣ることがあろうか、口ずさむだけでそこには表現しようのない絶望感が漂い、一人一人の茫漠とした人生を思惟せざるを得なくなってくる。小林はこの俳句以上の表現方法がほかに存するのであろうかとし、あらためて内容の深さを知ったに違いない。これこそが、若い頃から親しんできた、俳句や和歌に向かわせた原動力でもあったのではないだろうか。

原爆忌に掲載された俳句へ共感して「偉大なる芸術」とまで讃嘆した心、人情の機微に深く寄り添う小林の姿をあらためて称賛したい思いがする。人の心を忖度して大切にする心情、それは自分を育てた祖母を神とも仏とも尊崇し、息子の名前に「富佐雄」と付けた心とも通じてくる。小林が企業家として大成した背景には、文学を愛し、芸術をこよなく楽しみ、人を大切にした精神が存したことに起因するのではないかと思う。

五　「上方是非録」による大阪文化

1　三美人の乗客

昨夜新橋を出た列車は、逢坂山トンネルを抜けると、急にまぶしい青葉若葉が目に入り、さわやかな朝の風が寝ぼけた顔に心地よく吹きつけてくる。「美《ゑ》い景色でつしやろう、何《どう》だす、もう直京《ちき》都どすぜ」と、向かいの席の青白い男が声をかけてくる。「あのお山が伏見のお稲荷サンだつせ、もう直《じき》鳥居が見えま、向ふに白く光って見えまつしやろ、鴨川かしらん」としやべりかけてくる。僕は自ら聞くのも癪なだけに聞き流してはいたが、たしかに目に入るのは美しい景色であつた。上方者に零落する「落人《おちうど》の身」とはいえ、遠慮なく話しかける風土にこれから慣れる必要もあると覚悟する。「苟《いやしく》も江戸ッ子たるものが俄《にはか》然態度を変じて教を仰ぐのは残念で在《あ》るから、黙つて窓外の眺望をむさぼつて居る」と、聞くのは沽券《こけん》にかかわるとばかり、相手を無視しながらも外に目を向けて眺めていた。やがて列車は京都駅に、

笛が忙そうに短く二度ばかり鳴つて、それから細く長くどつかへ響くようにうなる。そのう

ちに列車がプラットホームへはいる。

と着き、話しかけてきた男も右手に鞄、左の腕には風呂敷包を下げて降りて行き、入れ替わりに新たな乗客が乗り込んでくる。

このような語りで始まる古びた小説の原稿の束が篋底《きょうてい》に残されており、色褪せた紙の表紙に「上方是非録」とし、また傍らに「急山人　箕有山人」とも書き付ける。言うまでもなく、小林一三は明治四十年十月に箕面有馬電気軌道株式会社を創立して専務取締役に就任、二年後に宝塚線と箕面支線を営業開始した意義深い地名の「箕面」「有馬」の一字を取って「箕有」とし、音読みの「キユウ」から「急」と表記したことはすぐに理解できる。子供のころから慣れ親しんだ語呂合わせで、遊び心による筆名である。本文の初めに「上方是非録（一）」とし、作者を「三界浪人」とするのも、

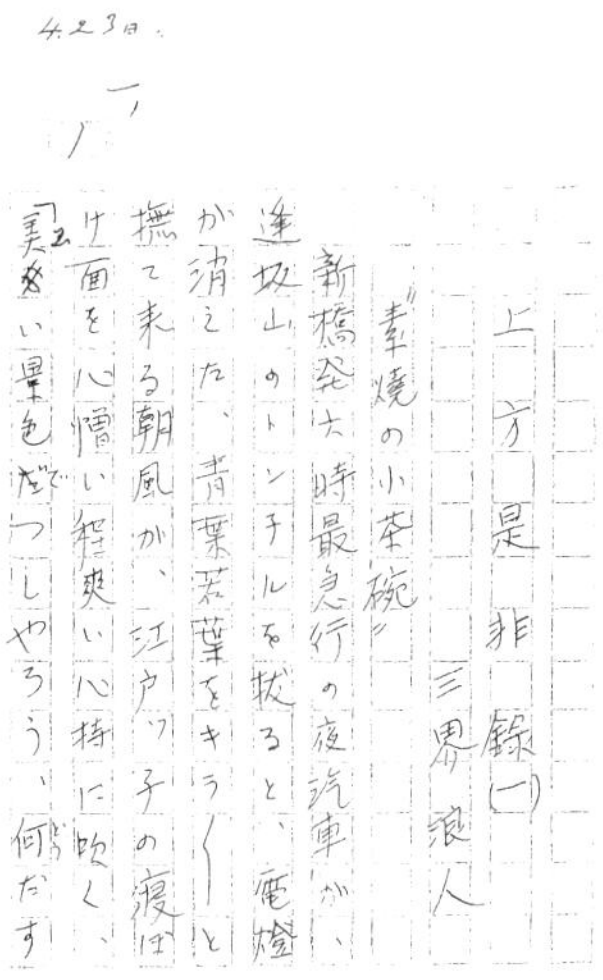
上方是非録(一)　三界浪人
"素焼の小茶碗"
新橋発十時最急行の夜汽車が、逢坂山のトンネルを拔ると、電燈が消えた、青葉若葉をキラ〳〵と撫て来る朝風が、江戸ッ子の寝ぼけ面を心憎い程爽い心持に吹く、「美しい景色だつしやろう、何どっだす

「上方是非録」原稿

「欲界」「色界」「無色界」を描いた作品との思いによるのであろう。（一）の「素焼の小茶碗」から（九〇）の「すっぽん」まで、それぞれにタイトルがあり、一枚の原稿用紙の文字数は百五十字、平均して八枚から九枚ずつ、時には十一枚からなる章も存する。すべてがそろっているわけではなく、巻九・巻三十二・巻三十八、巻七十六が欠けている一方

では、巻十八・巻十九・巻八十八などは上下の二巻にしながら、巻二十九「飛田屋征伐」（上）、巻三十「飛田屋征伐」（下）とするなど、必ずしも統一されているわけではない。

ただ、小林の筆跡ではなく幾人かが手分けして書き写したようで、粗悪な料紙を用いているのと、かなり時間を経ているためなのか、保存状態はあまりよくない。本来は別の紙に書かれていたものを、後人が保存するために原稿用紙に転写したのであろうか。巻十一の巻末には「以下五行切抜かれある《ママ》不詳」とし、「△△△の六字は活字不鮮明判読出来ず」（巻二十）、「コノ項ハ欠」（巻七十六）などとする書き入れも存するため、本来はタイプ印刷だったのか、それを小林自身が多くの書き入れや切り抜きもするなどの手を加えてもいたのであろう。しかもその印刷は不鮮明で、原稿に起こすにあたっては読めない箇所もあり、その旨を余白に書き込み、本文もそのまま△の符号を付して空欄にする。当時すでに紛失した巻もあり、初めから完全な原稿ではなかった。それに後半の巻々になると、「六五ノ分止メ」「六六ノ分止メ」などとかなりの部分を削除する指摘がなされる。新聞連載のように巻なり章ごとに分け、タイプ印刷までしていたものの、中途で断念したのかもしれない。現存するのは巻九十まで、これで完結しているわけではなく、話の展開はどのようになっていくのか判然としない。残された枚数と行数もすべて合わせると、四百字詰原稿用紙に換算してほぼ三百枚、不足の巻を加えても三百二、三十枚といったところであろう。

巻一は、お節介な向かいに座る男が、京都で降りる支度のためであろうか、昨夜買ったお茶の素焼きの小茶碗を鞄に入れたとすることでこのタイトルが付され、以下もすべて内容や用いられたことばとかかわらせていく。主人公の「僕」（富士太郎）が大阪への転勤を命じられて赴任する新聞記者という設定で、江戸っ子の自分が「上方への零落」する身との意識を強く持ち、何かにつけて東京と大阪とを比較していく。そこに「上方是非録」との書名の由来があるようで、絶えず東京の目線から見下し、つとめて客観的に観察する立場を堅持しようとしながら、徐々に大阪の風俗習慣に馴染み、新しい発見をする過程を描こうとしているのであろう。とりわけ巻初の設定は効果的で、読者をひきつける導入としては魅力ある手法といえる。

新橋と神戸間の東海道線が通じたのは明治二十九年、三十三年には寝台列車が走るようになり、明治四十二年からは最急行列車は十二時間五十分となり、それまでより五時間ばかり短縮される。明治四十五年からは特別急行と呼ぶようになり、東京駅発となるのは大正三年以降である。この作品の書き出しは、「新橋発六時の最急行の夜汽車が、逢坂山のトンネルを抜けると電燈が消えた」とあり、新橋発の最急行とすることで、おおよその時代設定を知ることができる。

急行が京都駅に着くと、老若男女の人々が右往左往しながら降りていくのを、僕は泰然と座ったままでいるとして動と静の情景を描き、いずれも「上方臭と風姿《すがた》」と自分を上位に置いてのシニカルな表現をする。乗り込む乗客は少なく、西洋人の夫婦連れと、口笛を吹きながら赤いネクタイを春風になびかせる別の三人、「そのうちにけたたましい下駄の音が、カラコロ〳〵と響く。笑ひ声が聞こえる。どや〳〵と乱れ込みて僕の眼前に現れた一連がある」と、ここからが第二章の「三美人と『オ、辛度《しんど》』」の始まりで、あらたな登場人物となる。男一人と三美人、瓜実顔《うりざねがお》の十六、七の女性が「オ、辛度《しんど》」と先に腰をおろし、「坊稚《ぼんち》、掛けなはれや」と少し席を空け、プラットホームを駆けたからであろうか、「オ、暑や」とハンカチで顔をあおぐ。ほかに「三十位の丸髷《まるまげ》」と「十八、九の島田髷」の女、汽車が動きだすと、まだ立っていた二人がよろめき、一人が肩に飛びつき、一人は椅子につかまり、「オホ、、、と笑ひ崩れる」といったなりゆき、「何が可笑《をかし》いのか、馬鹿〳〵しい体態《ていたらく》である」と、僕はただ観察者として新しい乗客を冷やかに眺める。

大きな柳行李を横に置いて座っていた禿翁《はげ》が目を覚ますと、島田髷の女が、「これ貴方のだつか」と軽蔑したような口調で尋ねるが、男は知らぬ顔で横を向いている。女は「御免やす」と力いっぱい片手で行李を持ち上げて下におろし、上方女の意地を見せるようにして座り、意気軒昂として肩肘を突っ張る。恥辱を受けた禿翁は、ここで何か言って一波乱が起きるのではないかと、僕はなりゆきを興味深く注視する。ところが脱俗の禿翁だけあって、懐から「山桜」を取り出し、「貴方失礼ですが、マッチをお持ちですか」と敵の裏をかく。島田髷の女も煙草を吸おうとマッチを手にしたところだけに、まさか知りませんとも言えず、黙って横を向いたまま渡し、喧嘩をすることもなく収まってしまう。ここであらためて、僕は三人の女を観察することになったと、次の「上方式瓜実顔」の章へと展開していく。

本居宣長の「敷島の大和心を人問はば朝日に匂ふ山桜かな」の歌から、煙草の「敷島」「大和」「朝日」「山桜」の四銘柄が名付けられたのだが、そのうち「山桜」は明治三十七年六月から同四十年三月までの発売であった。ここでも、何気なく時代設定が読者に伝わるような工夫がなされているといえよう。

僕の目を引いたのは瓜実顔、色は白く広い額を庇髪《ひさしがみ》で隠すようにしてなかなかの別嬪、ほかの丸髷も島田髷もそれぞれ特色があり、小春や梅川、夕霧もこのような顔であったかと戯曲的な美人を見るような思いであった。庇髪というのは、明治の末に川上貞奴《さだやっこ》が結い始めたことから女学生の間で流行したという髪型、ここでも当時の風俗を描こうとする。しかもさりげなく登場する三人の名、小春は言わずと知れた『心中天網島』で紙屋治兵衛と心中した遊女、梅川は『冥途の飛脚』で亀屋忠兵衛の通ったこれまた遊女、もう一人の夕霧も『夕霧阿波鳴渡《あわのなると》』で伊左衛門の相手の太夫、いずれも近松門左衛門の代表的な浄瑠璃の女性たちである。この表現によって、主人公の僕はかなりの芝居通であり、日ごろから慣れ親しんでいることを示しているのであろう。「上方女なるものを直接拝見するのは是れが初めてである。ゆくりなくも汽車の中で同一型《スタイル》の三美人に遇ふたのは少なからぬ感興を催し」たため、僕はしげしげと見つめ、なるべく正面からむさぼるように観察した。

これまでも一部原文を引用したのでわかるように、作品にはしばしば「坊稚《ぼんち》」「風姿《すがた》」「辛度《しんど》」などとルビを付し、漢字の造語的な意味による用い方をする。いくつか例示すると「仇気《あどけ》ない」「風俗《ならひ》」「粧装《よそほひ》」「優嫋《しとやか》」「喧囂《やかまし》」「玩弄《いじる》」「恍惚《ほれぼれ》」「お慈悲《なさけ》」「宴会《おやくそく》」「真正《ほんもの》」「待遇《あしらい》」などと頻出し、このような漢語と和語の組み合わせはまさに明治文学の特色でもある。ここからも作者が演劇などの芸能だけではなく、当時の表現方法に詳しく、文学に慣れ親しんでいたことは明らかであろう。

三美人を僕はつくづくと見つめながら、「瓜実顔はやたら縞の派手なお召を一枚着て、時代後れの濃紫《こむらさき》の羽織に紫の組みひもが気になる裾下の方についてゐる」と、着物とのちぐはぐさに幻滅もする。帯留も「金色の鋳物《いもの》の大きな金具にいとも怪気《あやしげ》な宝石が曇《どんより》としてゐる」と装飾も不調和で、初め見てこれぞ上方美人と思ったのは軽率であったという。しかも白魚のごとき左指に、燦然とした四カラットもあろうかと思う巨大なダイヤモンドの指輪を目にし、まだあどけなさの残る可憐な顔との落差に後悔の念がしきりにする。

2 大阪北浜の「夏亭」

瓜実顔の女は「オ、眠む」と言いながら塗下駄を邪見に脱いで腰かけに座ると、緋縮緬《ひぢりめん》の長襦袢《ながじゅばん》の裾が垂れて艶なる姿、それを掻き合わせる右手の中指に黄金《きん》の手打ち、契りを交わした情夫がいるのであろうか、「折角の贔屓目《ひいきめ》がまた曇って」しまい、その不調和に自分ならば抜き取って窓外に投げ捨てるであろうと腹も立ってくる。そう思うと、また目ざわりなものばかりに気づき、すり減ったまがい物の南部桐下駄、鼻緒は色褪せ、座った横に出た白足袋は足に合っていなく、鼻緒の跡がついている。束髪の二枚櫛は偽《にせ》の鼈甲《べっこう》、せっかくの濡れ羽色の髪もかわいそうなほどで、「美人は美人らしく、名妓は名妓らしく、常に調和といふことを心がけなくてはならぬ」と、お金をかけた派手好みを批判する。この櫛を点景することによって、相手の女性が芸妓であると読者にもわかってくるように説明していく。これにくらべ、東京の芸妓の品のよさを思い、内心自慢したくもなってくる。

隣の丸髷はそれほど非難のない装い、白粉気のない素顔に眉のあたりは青々とおぼろで、しとやかな姿は上品そうにも見える。「細い格子縞のお召に黒繻珍《しゅちん》合せ帯、古代更紗にひすいの帯留、真珠の指輪、新しき糸柾《いとまさ》の下駄」などといずれもいやみのない姿である。彼女も座ろうとして裾からネルの格子縞の湯巻がのぞき、これは趣味のない証拠と思うものの、一方ではこれが上方女の特色で、見えない部分にはお金をかけないという、この短所がむしろ長所となり、世帯がうまいかもしれないとの思いもする。少しでも同情しようと努めているところに、丸髷はホオヅキを取り出して口に入れると「キューキュー」と噛みだす。「なるほど大阪は食ひだおれ、意気のいやしいものじやと驚いた」と、難点を見つけて落胆する。上品でないものを、情のあるようにするためには「場所、時間、境遇」を調和させる必要があるものを、「蟬騒《せんそう》蛙鳴《あめい》」のように人前で平気に鳴らすのは「下品たらしむるは遺憾の極」と、これまた糾弾する。

丸髷が「あげまつか」と瓜実顔に聞いて帯に手を入れて探ると、「おまつか」と手を出し、横からも島田髷が「姉ちゃん」と手を出す。見ていた僕は「姉ちゃん」の「ちゃん」がいやだ、二十歳近くなって「うひうひしく優しい声で姉ちゃんとはいささか滑稽に感ぜらるる」との感想である。主人公はまだ知らないのだが、大阪の色町の呼び方として、南街《みなみ》は「姉ちゃん」、曾根崎新地は「姉さん」、新町堀江は「姉はん」としていたようで、「姉ちゃん」のことばを用いることによって、読者にはそれとなく彼女たちの所属する店を示してもいるのであろう。

『大阪府写真帖』煙の都

三人の芸妓と一人の若い男のたわいない痴話、僕はひたすら上方を観察するつもりで様子をうかがう。坊稚《ぼんち》が巻煙草を取り出すと島田髷が火をつけ、一口吸ったところで瓜実顔に渡そうとする。するとあわてて島田髷が「いけまへん、あんたは未丁年。なアお清どん」と丸髷に同意を求めたところで一人の名が知られる。このような会話から島田髷は福鶴、瓜実顔が千代子、これらの人物がその後に再登場して作品の展開に寄与していく進み具合となる。女たちは次々と鼻から規則正しく煙を吐くのを見ていて、僕は人間の知識が高度に発達すると、必要とする食べ物は固体でも液体でもなく、最後は気体であるという未来を予想するなどと論じ、このあたりからの叙述はやや衒学的な考えを披瀝するなど、作品としての緊迫感には欠ける憾みがある。

汽車は轟音を立て鉄橋を渡ると、林立した煙突から煙を吐き出し、その黒煙の下に広がる大阪の町並みが目に入ってくる。瓜実顔の女も、煙草の煙と同じく、この黒煙の気体を吸って生活しているのか思うと、これは知識が高度に発達した高等動物ということになり、今さらながら恐ろしくもなってくると、煤煙の都市を皮肉めいて表現する。ここまでが列車内での場面を観察してきた内容で、巻一から巻七にまで及び、主人公の僕はひたすら大阪人の観察をし、東京との比較を吐露しながら新たな発見に努めようとする。確かに大阪は『大阪府写真帖』（大正三年、大阪府御編纂）を見ても、まさに「煙の都」と称された都市の姿をし、まだ公害という認識もないまま産業の隆盛を見せていた。「大阪市の煙筒と煤煙」という項目まであり、「大阪市及び其の付近には無数の工場相連り、為めに市は煙筒林立、黒煙濛濛として天に漲り、図に示すが如き壮観を呈し、煙の都の名を付せらるゝにいたれり」とその場面の写真を掲げ、むしろ誇示するありさまでもあった。それを避けるために郊外の住宅を求めるようになるにはまだ時間がかかるが、それを見通しての作者の大阪の観察であり、第一印象でもあった。

ここまでが、この小説の車内風景とも呼ぶべき第一篇に相当し、巻八からは大阪での企業人の姿を、花街の女性たちを通じて展開していこうとする。もっともこれ以降は、現存する巻九十にいたるまで、とくに何が主題というのでもなく、さまざまな問題を提起し、自らの考えを述べるなど、どちらかと言えば作品としては退屈な展開ともいえるであろう。むしろ花街における女たちの生き方を述べようとしたのかも知れない。

陽光の朝の車窓を眺めているうちに、夜行列車は大阪の停車場に入っていく。まだ停止しないうちから三美人と坊稚《ぼんち》は戸口に押しかけ、気の長い上方者には似合わない振る舞いを目にして癪に障ってもくる。このように思うのも、ひとえに「僕も贅六《ぜいろく》に零落すべき運命に刻一刻と迫るので、一分間も長く其の土を踏みたくないような気がして、汽車が停っても降りる心持ちになれない」と、大阪の土地を踏みたくないと拒む思いと、もはや自分とて「贅六」（関東の者が関西人をあざけって

『大阪府写真帖』大阪駅

用いる）になってしまうのかとの嫌悪感が錯綜していたことによる。関東からすれば、軽蔑すべき大阪の贅六にこれから我が身も陥ることへの悲しい運命を「零落」とまで表現する。

降りるのをためらっていると、「ヤア」と声をかけて車中に飛び込み、すぐさま荷物を手にして先に立って歩くのは、迎えに来た友人の屹堂居士、僕は「降りなくてはならぬものかと、妙に悲しくなってついて降りる」というありさまである。僕は、三美人の行方を求めてあたりを見まわしたものの、ホームにはすでにその姿はなかった。友人は赤帽に荷物を渡すと、

君、此停車場が日本一だよ、これ丈は東京も叶はぬだらう。東海道線はもちろん阪鶴線、関西線、西成線と其発着の度数も日本一で宏大なることも亦日本一だ。

と、屹堂居士は大阪自慢を滔々と述べる。彼も東京から「屠所」の大阪に赴任したにもかかわらず、僕に対してすでに贅六化してしまっている。しかし屹堂居士の話はまだ続き、

日本一だが、しかしまた、此停車場くらい無秩序な　乱暴な停車場は恐らくなからう。到着の掲示が完全できて居らない、関西線、西成線の発車に対する報知《しらせ》なども、すこぶる乱雑で規律がないから少しも判らない。

と秩序のなさを指摘し、新橋駅の掲示は明瞭で、人に聞きながら歩く必要はないと文明の違いも指摘する。僕を主人公として小説を書き進める作者小林一三が、鉄道事業をしているだけに、このあたりは電車の運行にはもっとも重要な点との思いがあったはずである。二人は同じ新聞社の記者なのであろうか、ただ屹堂は劇評も書き、文学者でもあったとする。

東京は新橋が発着の拠点で、東京駅の着工は明治四十一年、竣工は大正三年だけに、大阪駅は国内でも覇を競う位置にあった。さきほど示した『大阪府写真帖』でも大阪駅の写真とともに、「東海道線、城東線、西成線の集中する処にして旅客の出入、貨物の集散極めて夥《おびただ》しく、全国に在りて一二と争ふの大停車場なり」と説明する。

なおここで示される阪鶴鉄道は、大阪から福知山を経て舞鶴とを結ぶ路線で、曲折がありながら、明治四十年には福知山線の原型ができたものの完全な計画は実施されず、池田と大阪間はその後の箕面有馬電気軌道鉄道に継承され、現在の阪急電車へと展開することになる。このあたりなども、小林の鉄道事業の拡大を思い描いていた一端が屹堂居士の口をかりて言わせてもいるのであろう。

僕は大阪での下宿先などもすべて屹堂君まかせ、駅から車に乗り込み、淀屋橋を渡り、大川に面した北浜の旅人宿に案内される。雨戸がないため、寝ころんで外に目を遣ると硝子障子から向う岸で洗濯をしている姿が見えるありさまである。淀屋は大阪を「天下の台所」に育て、商都に築いた豪商、屹堂居士はそのことにはほとんど関心を持たない。硝子を「ビードロ」と呼ぶと、五代目淀屋辰五郎が川に面した高楼の一亭を建て、天井にはビードロを張り、金魚を飼って眺めたという話を思いだす。真偽のほどはさだかではないものの、蕩尽の果てに宝永二年（一七〇六）に財産没収となって追放の憂き目を見る。その一族の栄華と凋落は、近松の『淀鯉出世滝徳《たきのぼり》』として作品ともなり、鳥山石燕の『百器徒然草』には「鈺五郎」の妖怪としても登場するなど、よく知られた人物でもある。このような知識を駆使しての作品の展開となっており、僕はこの一室を淀辰にちなんで自分の下宿を「夏亭」と称することにしたという。

そこに電話との呼び出し、大阪の経済界を牛耳る明星連の午餐が銀行集会所であるので出席してはとの金賀君からの誘いであった。僕の職業柄、名を広く知ってもらうのが、これからの仕事には都合がよかろうとの配慮による。場所を聞くと、すぐ近くの洋館と知り、歩いて出かけることにした。大阪銀行集会所は中之島に位置し、銀行の幹部が毎月一度の集会を持っているという。

ここまでに登場したのは、僕と称する新聞記者で大阪に赴任した富士太郎、本名ではなく筆名だとする同じ記者の屹堂居士、それと三年前に大阪勤務となった銀行支配人の金賀有太郎の三人、いずれも東京の出身のようながら、どのような関係で親しくしているのか、年齢関係を含めて不明である。大阪に左遷となった僕は冷やかな眼で観察者に徹し、その是非を問い続けるのに対し、後の二人はすでにこの地に馴染み、軽蔑すべき贅六の姿や言動が見られるという存在として描かれる。この後も、大半はこの三人によって織りなされ、花街や経済界の裏話で展開していく。

3 大阪の歴史叙述

僕は卵色をした洋館の大阪銀行集会所へ赴くと、傍らに「木邨長門守重成表忠碑」とする、斜めにひびの入った記念碑を目にする。木村長門守は「芝居で見ても凛々しい恍惚《ほれぼれ》する若侍である。その歓待《もて》る具合」が今の若手の銀行家を連想し、「無意識に建立せられたのではないような心持」がするると述べる。さらに、「その碑にひびの入ったのは、時節柄諸君に対する教訓と意味するがごとく、長門守が諸君の犠牲となって、栄枯盛衰の理《ことはり》由を語りつつあるのであらうし、邪推するのは、銀行家に対する僕の敵愾心《てきがいしん》ばかりではない、銀行家なるものは芝居で見参する長門守式の若手が多いと想像するからである」とことばを加える。銀行に対するどのような思いが背景に存するのか、理解しづらい点はあるものの、ここには自らの銀行家に対する考えの表明があるのであろう。

表忠碑は明治二十九年に豊国神社に建立され、神社が大阪城内に移転した後もそのまま残されて現在にいたっている。今見ても、碑の正面中央から斜め横に亀裂が側面にも至り、また縦にも割れ目が存するため、早くこのような状態になったのであろう。重成の母は豊臣秀頼の乳母、そのため幼少のころから仕え、成人しても重臣としての信頼が厚く豊臣姓まで与えられ、大阪冬の陣では徳川軍勢と戦ってその名を高め、夏の陣ではついに敵陣で討ち死にとなる。家康のもとでの 首実検で、髪には香が焚き染められていたため、覚悟の上だったと知られたという。司馬遼太郎には重成を描いた「俺は権現」があるとはいえ小林一三は時代的に知るところではないが、歌舞伎には

木村重成表忠碑（中之島）

『難波合戦勝負麾《なにわかっせんしょうぶのさいはい》』があり、当時長門守を演じたのは明治の名優とされる五代目尾上菊五郎、ほかに坪内逍遥の『桐一葉』（明治二十九年）にも登場し、初代の長門守は八代目市川高麗蔵《こまぞう》が演じ、その美男子ぶりが評判であったという。日記の明治三十六年二月十八日の条には小松宮永眠の記事とともに、「菊五郎も死んだ。惜しい事をした」とするので、芝居を見てよく知っていたのであろう。

集会所では料理が運ばれ、銀行家たちの忙しそうにする姿、僕は手引きされて案内されたのは電話をしてきた某銀行支配人の金賀君、三年前に大阪に赴任した当時は「排阪熱の極点に達した手紙を書いたものであったが、茶屋酒を飲み初めて、忽ちに贅化論者となって、今は熱心に成功秘訣を」語るにいたるという、「進歩的退歩した」人物だと紹介する。反大阪論者が、今では花街に遊んで贅六となり、その成功話をするありさまである。会場の大小のテーブルには、紅顔、美髯、白髪、禿頭の別なく立派な服装の新式長門守が食べながら話し込んでもいると、自己を犠牲にして銀行に尽くす忠義者の姿を描いていく。

悪疫が流行すると医者の収入が増加するように、世の中が不景気になるとかえって銀行家の懐は温かくなり、万事銀行家本位になり、「引く手あまたの長門守がにわかに威張りだす」と、作者小林自身の銀行に対する考えなのか、そこで働く忠義者としてふるまう人々の姿を描こうとする。ただ新式の長門守は、本体の銀行の損失には痛痒を感じることなく、火事場泥棒的に自らの功名を立てようとするに過ぎないとも、このあたりになるとかなり理屈がちに論理を展開していく。

酒の飲めない僕は、「三矢印のサイダーを飲みながら、隣席の羽織はかまの消極的談話を拝聴してゐる」と、ここでも議論には参加しない観察者として筆記する態度を示す。なお「三矢サイダー」と称するようになるのは、明治四十年に「三ツ矢印 平野シャンペンサイダー」として発売したのが始まりで、明治四十二年には「三ツ矢シャンペンサイダー」と称するようになった。小説は時代的にもこのあたりが設定されているため、主人公が手にした飲料は当時最先端であったともいえる。これまでもそうなのだが、ところどころに時代の風俗を示す小道具やことばを挿入し、作品の展開する時代を表現しようとする努力がなされてもいる。

銀行集会所に集まった人々は、「このたびの恐慌」を語り、銀行の融資、大銀行と小銀行、日本銀行の働き、「倉紡も阪神も五円安」などと株の高低など次々と展開していくが、このあたりの話題はまさに作者自身の得意とする分野でもあった。日露戦争後の経済的な不況は早くから指摘されるところで、とりわけ明治四十年、四十一年の恐慌は日本資本主義の沈滞の時期でもあっただけに、銀行家たちの関心が集まるところでもあった。そうでありながら人々は話に弾み、館内の球突場では球突きに興じて一向にやめようともせず、三時に銀行が閉まるのを待っているありさま。「実に銀行家といふものは贅沢な商売であるし、僕は奢る平家の公達の行く末が案じられる」ほどであった。神代にはイザナギ、イザナミの二柱が天の浮橋から天沼鉾《あめのぬぼこ》で混沌とした大地をかきまぜ、日本武尊《やまとたけるのみこと》が東征に携えたのは鉾であり、楠正行の武士某が住吉合戦で用いたのは槍、信長の時代になると長柄の槍隊ができたと、ここでも薀蓄を傾ける。楠勢からは若武者の和田源秀と法師武者了願が敵陣に踊り出て、長刀《なぎなた》を鼻歌まじりにうちおろし、武者は一丈もの槍を振り回して戦ったという『太平記』を念頭にしての記述なのであろう。正成、正行の親子の戦いは「青葉茂れる」の歌を引くまでもなく、講談でも特異とする話で、浄瑠璃や歌舞伎にも『楠正行軍略之巻』があるなど、人口に膾炙した物語ではあった。

このように次々と槍の逸話を披瀝し、「槍は錆びても名はさびぬ、昔忘れぬおとしざしの小唄も証拠の一つであるごとく、兎角男子と長いものは離れぬものと見える。その槍が進歩して球突きのキューと変名すれば、敵と味方と雌雄を青羅紗《らしゃ》の上で決する」のは文明の賜物で、金で済ませる新式長門守にふさわしい合戦と、銀行家への痛烈な皮肉を表する。「槍は錆びても」は江戸の端歌、歌舞伎では殺しの場面で語られ、『曾我兄弟』や『伊賀越仇討』にも用いられる。このように仕事を忘れてビリヤードに興じる姿を揶揄するとはいえ、小林自身も三井銀行に勤めていた東京時代はこの遊びに夢中になっており、しばしば撞球場に通っていたことが日記の各所に記される。かつての若い時代の自分の姿を、そこに見たのかも知れない。

このような講談や浄瑠璃、歌舞伎などを背景にした歴史的な話題や、各所に見出される当時の大阪の変化する姿、花街の人間模様の叙述は、作者にとって得意とするところでもあった。それだけ古典芸能に堪能で、世相を観察する能力、またそこから将来像をどのように描くのかが見えていたのでもあろう。七十九話の「電車」というタイトルのもとに、次のような興味深い記述を見出す。

僕が初めて梅田に着いた時は、電鉄のポールも僅かに赤く下塗りができたばかりであるのに、秋風吹き始むる今日この頃は、堂島川の南岸の水泳旗も取り払はれて、渡辺橋を電車が通るようになつたから、なかなか便利である。

主人公の僕が初めて梅田に着いたのは春の季節、それからすでに半年ばかり、大阪へ転勤するという落人の思いも薄らぎ、贅六へ身を落とすことへの嫌悪感も、今では風俗への観察に余念のない日々を過ごすありさまである。ある秋の日、堂島川に架かる渡辺橋に電車が通るようになり、交通手段の便利さに感心する。市内電車が走るのを見るにつけ、これからの大阪はどのように変化すべきか注目していかなければならない問題だと指摘し、東京との比較をしていく。

大阪に市電が走るようになったのは明治三十六年、大阪駅から渡辺橋を通る南北線は明治四十一年八月一日の開業であった。するとこの場面を描いたのはそれからほどない時期となり、作品執筆と場面描写の時期がかなり限定されてくる。このような時代設定に関する話題は多く、その一つの興味深い挿話に、「前の市長の亀原君と銀行の松田君との間」に座敷に出るようになった芸妓をめぐってのひと悶着があるとする。この市長というのは、明治三十四年八月から三十八年七月まで大阪の第二代市長であった鶴原定吉をモデルにしているのであろう。「鶴」を「亀」に変えたのだが、当時の読者であればすぐに連想したに違いなく、大正三年に五十八歳で亡くなっているためまだ健在で、浮名が評判になっていたのかどうかはともかく、かなりきわ物的な話柄であった。その詳細は別にして、これなども小説の時代を特定していく一つの材料ではある。各所に実在の人物を用いているとなると、大阪の銀行支店長という主要な登場人物の金賀は、あるいは三井銀行大阪支店長だった平賀敏かとも想定したくなるのだが、花街との関係の深さを語るだけにいささかためらいもある。すくなくとも富士と称する主人公の僕は、小林一三自身であり、その体験なり見識を展開していることだけは誤りのない事実といえよう。

4　大阪風俗の描写

現存する原稿用紙の初めに、巻一であれば「4・22日」とし、次の章では「4・24日」などとメモするのは、何を意味するのか初めは気が付かないままだった。日付の書かれていない章もあるのだが、連日とか、二三日後の場合もあるなど、四月から五月、六月へと月日が続く。それが第四十四章にいたって「明治四一・六・二四」と明確な年月日が付され、次の章には元号はないものの「四一・六・二六」との漢数字、第七十八章に「四一・八・三〇」とした後は再び月日だけとなり、現存する最終の九十章には「9・27」と認められる。明治四一年というのは、すでに触れてきたように作品の時代設定と相即しており、これは執筆した日付と判断するのが正しいのであろう。すると小林一三は、三十五歳の明治四十一年四月二十二日に書き始め、五か月ばかり後の九月末まで書き続けていたことになる。前年の十月に箕面有馬電気軌道鉄道株式会社が発足して専務取締役となったものの、事業の実現は周囲からも危ぶまれながら、小説を書くという物に動じない肝の太さに今さら驚きを禁じ得ない。

初めにも指摘したように、この作品は小林の草稿か下書きを、複数の者が原稿用紙に浄書しているのだが、執筆した日付もそのまま写し取ったのであろう。しかも、たとえば巻六十三の末尾に「六三ノ分止メ」とあるように、これ以降この注記が頻出しているのは、小林が元の原稿を推敲して削除するつもりでもあったと知られる。あるいは後半部を全面的に改作するつもりであったのか、巻九十までしか残されていないのも、原稿の紛失ではなく作品を中断してしまったとも考えられる。

小林一三が慶応義塾を卒業したのは十九歳の十二月、翌年の四月に三井銀行に入り、九月には大阪支店勤務となる。大阪との関係を結んだのはこの年からで、明治三十年一月に名古屋支店、翌年の八月に再び大阪勤務となり、三十四年一月に東京へ転勤、四十年一月に銀行を退職して一家ともども大阪住まいとなり、四月に阪鶴鉄道監査役になるという経緯で、ここから電鉄事業とのかかわりを持つようになる。このように身体的にも精神的にも余裕のない時期に身を置きながら、平然としていたわけでもないだろうが、これまでの花街の見聞や大阪のこれからのあり方を、小説という世界で鬱積を晴らし、思いのたけを表現しようとしたのかも知れない、

銀行の集会から下宿にもどり、夕方には金賀君の誘いによって南街《みなみ》に出かけることになる。時間

の展開からすると、この日の午前中に富士は大阪に着き、屹堂居士に案内されて紹介された下宿に荷物を置き、昼は銀行集会に出かけて人々の話を聞き、夕方には南の花街を訪れるという、何ともあわただしい一日が続く。ここからが長々と切れ目がなく芸妓との座興が続くなど、不自然な感じがしないでもない。

屹堂居士を誘ったところ、編集の締め切りに追われて今は時間がないため、直接花街の宿に出かけるという。この後も僕と称する富士、金賀、屹堂の三人が中心となり、老若をまじえた幾人もの芸妓の風俗や運命譚、そこに銀行家と企業の経営を操ろうとする総会屋、株の話などがからみあい、どこが切れ目なのか明らかでなく、冒頭部での緊縛も緩んでしまい、以下はなかば惰性のように続いていく。

富士は金賀に案内されながら初めての大阪の町を、「これが難波橋筋」「これが今橋通り」などと案内され、「筋」だ「通り」だといわれても、その区別はどのようにするのかなどと疑問も持つ。鴻池の角屋敷は名所になっているようで、「玄関先の庭に鶴が三四羽遊んでゐた」と鶴が飼育されていたとする。鴻池はいうまでもなく上方の豪商として名をなした大財閥、明治維新後もその存在を示し、豪邸の一部はかつての大阪美術倶楽部にその名残とどめていたが、現在は姿を消してしま

『大阪府写真帖』道頓堀

っている。邸内には鶴を飼い、氷室まであったというのでその豪壮さが知られるであろう。
金賀君と人力車に乗って行った先は、三味線の音が聞こえてくる二階家の料亭、格子戸を開けると、「お越しやす」と丸髷の女が待ちかねていたようにあいさつをする。案内されて中二階の座敷に入ると、そこにはすでに屹堂居士が待ち構えていた。明るい場所で見ると、丸髷はなんと急行列車で見かけたお清、しかも後から部屋にやって来たのは瓜実顔の千代子、ほかに君千代とか大阪美人の芸妓が次々と顔を出す。千代子の山村流の「夕焼」の舞から酒宴となり、女性たちの話題へと展開していくのだが、酒をたしなまない僕は、東京と上方の芸妓制度の違い、風俗、衣装やことばづかいなどについて冷静に観察していく。列車内での知見が、ここであらためて有効となって作品の展開に資することになり、破綻のない構成にしようとの意図がうかがえる。ただ、以下はこのような座敷での男女の話となり、特殊な花街の習いが書かれるなど、日常とは異なる世界が展開していく。
若い千代子は、金賀君ともかかわりを持ちながら、妻帯している坊稚《ぼんち》の妾に落ち着くとか、高麗蔵の弁慶の芝居見物に訪れ、大阪での接待法、一場が終わって幕間《まくあい》に桟敷席ではにぎやかに酒食をともなう料理、芸妓たちの振る舞いなどと、観察者として詳細に上方の描写に終始する。それが作品のテーマでもある、「上方の是非」なのであろう。その一つとして、たとえば金賀の衣装について、
大島紬《つむぎ》の袷《あはせ》に霜降《しもふり》清涼織の羽織を着て、濃鼠色のセルの行燈袴《あんどんばかま》を少し短かめにはき、紺足袋に糸柾《いとまさ》の書生下駄といふ気取つた姿。

とするなど、茶屋を訪れる当時の男の緻密な衣装が書きとどめられる。また芸妓についても、スラリとしたなで肩に派手な疋田入《ひったいり》蕗模様《ふき》を白で絞り抜いた紺地の友禅の袷《あはせ》に、総金霞の繻珍《じゅちん》の帯も背高く矢吉弥《やきちや》に締めて、緋鹿の子の帯揚《おびあげ》を広く巻き、揚げのある振袖が裾までダラリと下がる、高髷《たかまげ》は花櫛に銀のヒラ〳〵、一寸大の金の平打の紋が下り藤、流石《さすが》にそろうて居る尤物《いつぶつ》であると、濃化粧の君千代に見とれる。

と、花街の通でなければ即座には理解できなかったのではと思いたくなる華美な表現ではないだろうか。「疋田」は疋田鹿の子の略だが、「矢吉弥」は少し端を垂らす吉弥結びなどと、今日からすれば大正ロマンの香りがするとはいえ、かなり特殊な世界といえる。むしろそのような風俗を描くことに意図があったのではないかと思いたくなるほどで、そのための手段として人物構成をしたのかも知れない。

金賀君や屹堂居士が帰った後一人残された僕は、お清と園子さんを相手に、サイダーを盃についで食事をするありさま、そこに小三代さんが派手な絞りの浴衣姿で現れ、夜も更けて泊まらざるを得なくなる。「もう十二時過ぎだっしゃろう、もう寝まへう、な富士さん貴方、園子さんと小三代と一緒に雑魚寝をしなはれな」とお清のことば、どういうものかもわからないまま過ごすことになる。このあたりについて、『逸翁自叙伝』に、

こういう新しい行き方が生れて来る一方に、また古い昔ながらの廓情緒が私達をおどろかしたのみならず、東京の人達を案内して夢のごとき享楽を満喫せしめたこともある。それは「雑

魚寝」という大阪名物の一つである。舞妓や芸者や一座の誰れ彼れが、一室二室にお客と一緒に雑然として枕をならべて寝ることである。

と回想しており、大阪の花街の古い習慣として残っているのだという。

するとこのあたりは小林一三の体験を描いたと知られるし、「その頃の大阪」とする部分全体が「上方是非録」と重なっており、具体的な財界人も別名でそれぞれ登場させているのであろう。

この作品では各所に芝居が話題となり、役者の名を出し、しばしばセリフを引き、芝居の見方についてまで東京と上方の比較もする。さらに、

江戸文学に対して浪花文学は常に優勝の位置を占めて来た歴史は、ここにまた俳人の誇るに足るべき形成を形造つて居る。巣林子《そうりんし》はもとより西鶴、出雲、並木一派の狂言作者まで浪花の文学界は浪花人の独占であつたといふ因縁に喚起せられたものにあらずしても、大阪の新派の俳人は多く大阪の町人であるから嬉しい。…僕は大阪に於ける俳壇大阪人たる、青々、露石、月斗云々、

などと巣林子（近松）から並木五瓶《ごへい》にいたる狂言作者を並べ、俳句の世界も大阪の伝統を守る松瀬青々、水落露石、青木月斗などを称揚する。このあたりの俳人になると、小林は個人的にも親しく交流していたようで、具体的には所蔵品の中に月斗の俳画も存するなど、かなり体験的な描き方といえる。ほかにも大阪の名所、料理の薀蓄など、豊富な知識を列挙していくものの、読者を引きつける作品方法というわけではなく、むしろ上方の是非を問いかけようとする姿勢ともとれる。

5　大阪改造計画の夢

僕とする富士が初めて大阪駅に着いたのはある春の朝のこと、同じ新聞記者仲間の屹堂居士が迎えに訪れ、すぐさま宿へと案内してくれる。ただ現実はそうではなく、

二十一歳の夏であった。明治二十六年九月、日は忘れたが、十日前後の午後四時頃と記憶する。その前日、東京新橋駅から汽車に乗って、車中一夜をあかし暑さに疲れ果てた昼過ぎ、朝日ビール工場の大きな広告を右手に見て、次がいよいよ大阪だ。

荷物を片付けて、独りぽっち梅田のステーションに降りた時は心細かった。……淀屋橋をすぎて大川筋浜側の、たしかに島平といった旅人宿に着いたのである（『逸翁自叙伝』）。

といった具合で、宿で一人手すりにもたれて淀屋橋を行きかう人の姿や納涼の船の男女の姿をみていたというのだ。そこから電鉄事業とかかわるようになるのは十三年後、決断するにあたってはさまざまな将来の構想とともに、現実の姿もじっくりと観察していたはずである。

人口百二十万の大阪における公園の第一位は中之島、一方では「麗らかな春の日に見上ぐる青空から黒い煙が絶間なく降る」のは不可欠の存在でもあるため、土地の高い都市の中央に「広大なる公園を設けるが如きは余程愚策であつて、何等の効果も絶無であることを保証する」という。降りしきる煤煙の町中に、金銭を惜しむことなく予算をつけて大規模な公園を造ったとしても、中之島の小松からもわかるように、緑は衰えて生育もよくない。東京の日比谷公園などとは比較しようも

なく、中之島のような猫の額ほどの公園ですら、風致を維持するのは困難である。大阪人は達観しているのか、

いたづらに大金を空費して無益の公園を築《つく》らむよりは、近畿一帯がすでに広大なる公園なるを了知してこれを利用し、市民の共有物たらしめんとする深遠の大計画を企図しつつあるものと想像してみれば、大阪人はなかなかエライものである。

と表面的に賛辞を表するとはいえ、心の内ではかなり大阪市の都市計画を批判する。大阪は煤煙の町で労働する所だけに、散策遊行は市外に求めるべきで、地図で確認すると、南は「茅渟《ちぬ》の浦波静かに白砂青松の磯少なからずであつて、住の江の松、堺、浜寺の名所がある」と、明治六年に日本でももっとも古い浜寺公園などをあげ、北には大公園の箕面山が存在すると指摘する。

桜花翠葉の春、緑樹青嵐の夏は勿論、金繡羅綾《きんしゃうらりょう》の楓樹は古松老杉に点綴する秋がもっとも佳《よか》らう、もし交通機関が完了したならば、いづれも数十分をもつて自由自在に遊び廻ることができる範囲内である。市内電鉄も近き将来にできるさうであるから、引き続いて市外に連絡すべき交通機関ができない道理はないとすれば、大阪の市外における名所遊覧場所は即ち大阪市の公園である。市外公園に富む大阪市民が、煤煙の町中に公園を築らぬのは、先見の明ありと称賛すべきである。

大阪市内に公園が存在しないのは、市外に広大な公園地を所有するからにほかならなく、いずれ交通機関によって往来が自由になるであろうから、それを見通した上で造園をしてこなかったのだ

と、皮肉めいた言辞で公園論を展開する。

先ほども提示した『大阪府写真帖』では天王寺公園、住吉公園、浜寺公園、箕面公園などが紹介されており、大正期に入ると交通の整備にともない、市内から人々の訪れる名所地にもなっていく。とりわけ小林にとっては箕面公園を売り出す必要があり、古くからの修験の地として知られていたとはいえ、当時はまだ気軽に訪れることのできる場所ではなかった。現在の阪急電車の宝塚線、箕面線の工事が認められたのは明治四十一年十月、まさにこの小説を執筆していた時期と重なり、しかも「最も有望なる電車」という日本最初のパンフレットも出しているほどであった。線路の敷設と並行して沿線開発にも乗り出し、今日でもよく知られる初めてのローンによる池田室町の住宅の販売、電車の開業開始とともに箕面には動物園を開園し、四十四年五月には宝塚新温泉の営業を始めるという多角経営に乗り出す。そのような一連の事業のなかに、「上方是非録」も位置づける必要があるだろう。煤煙の大阪、それは産業興隆として断念するわけにはいかないとしても、人々の緑にやすらぎを求め、余暇の楽しみは郊外で過ごすという案が、おのずから小説という体裁によって吐露されたのである。

大阪の駅前から中之島に市内電車が走るようになったのは作品と同時進行の明治四十一年八月、これによってきわめて便利になったとしながらも、それですむのではなく、むしろ今後の変化に注意すべきだとする。「東京には山の手といつて、麹町区の屋敷町には数町にわたる宏大な庭園もあれば、天を衝く緑樹鬱蒼として、夏に不断の風あり、四谷、小石川、麻布、下谷、芝、赤坂区……

而かも到所天然の丘陵は昼尚ほ暗き森林を形造り、公園として保存せらるるから、試みに品川湾に船を泛べて眺むれば、山林の麓に都会あるが如く、朝の霞、夕の靄、棚引く九重の松に千年の栄ゑを示して居る」と、東京の公園の多さと広さを強調する。皇居は別としても、山の手内には神宮の森があり、浜離宮、代々木の練兵場の空間などと、都会でありながら自然を満喫することができる。ところが大阪は、日本橋、京橋をはじめ乾燥無味の軒が連なり、黒煙が舞い、不愉快な環境に人々は暮らしている。そこにこそ電車の有用性が存し、市外生活の楽しみを味わうことができるとする。「最も住宅地として適当なる箕面有馬電鉄の沿道の如きは、全く大阪市の山の手となるべき運命を有する」と、まさにこれは郊外生活を楽しむようにと勧める住宅の販売戦略であり、電車へ乗客を誘致する宣伝にもなっていた。東京にはすでに山手線の運行があり、広大な一周の内に多数の公園が存在し、人々は自然の中での生活をする。それと同じように、箕面まで含めた一帯が山手線に相当すると考えればよいのだと、都市改造の構想を提案もしているといえよう。

市内電車に乗りながら、東京とは異なる未熟な車掌や運転士の常識のなさ、乗客は公徳心を欠き、発着の知らせも乱雑であるなどと慨嘆するばかりである。電車の運行一つにしても、小林は次々とあるべき姿を提示するなど、これからの経営方針の細部にまで思いを馳せていたのであろう。また、船遊びでは「大阪人が自慢するだけ他に類のない水の街《ちまた》の夜の景色は頗る美観である」と絶賛し、両岸の建物の数々、「ここは大阪のベニスに擬する河の町であることを認識」し、大阪はこの景観を維持する義務があるとも主張するが、同じ舟の屹堂居士は十年前とくらべると衰微し、やがて滅亡するであろうとも言う。これなども大阪は河を中心の町として発展すべきだと、現在からすると自然保護の思想ともいえようが、かなり先進的な意識と都市の将来像を小林は脳裏に描いていたのであろう。

「上方是非録」の執筆時期は、箕面有馬電気鉄道の営業開始直前ということもあり、梅田から北の一帯を開発して新しい都市の住環境を整え、温泉施設によって人々の保養を勧め、結果として乗客増を図ろうとの強い思いがあった。それを根底にしながら、東京との比較をすることによって大阪の地の不利益を別の観点から発展させたいとの街づくりの夢が横溢としていたはずで、そこから風俗を描き、記録としてもとどめておきたいとの意図が根底には強くあったものと思われる。

「上方是非録」は芸妓のさまざまな生き方や風俗を描く小説として企図し、身請け話から悲運に沈む姿を描きながら、一方では後半部になると都市計画の自己主張が際立つようになり、作品としては焦点のないまま惰性に流れてしまう。自らも小説作品としては失敗したと思ったのか、削除の符号を付すとか、継続するのを断念したのが、現在の残された原稿の実態かもしれない。ただ、このような習作が存在したことが、さらに芸妓の生き様と風俗を描いた『曾根崎艶話』の出版へとつながったのではあろう。

六　『曾根崎艶話』の執筆

1　豆千代の襟替

「豆千代さん襟替エー」「宜敷うお頼み申しまアす」として始まる、小林一三の本格的な長編小説『曾根崎艶話』が出版されたのは大正五年一月一日、籾山書店から三七六ページからなる作品で、定価は一円だった。ただ著作は「急山人作」のペンネームを用いて、本人の名は出さない。後の昭和二十三年十月の再版に際しての「はじめに」とする序文に、「たしか大正二、三年頃に書いたものので大正四年の末に東京の籾山書店から発行した」と回想するように、かなり早く書いていたと思われる。前の節で述べたように発表しないままとなった「上方是非録」が明治四十一年なので、三年後には新たな構想のもとに執筆していったと知られる。

また、「急山人」としたことについては「これはその頃、私が本職の箕面有馬電気軌道株式会社と言ふ、今の京阪神急行電鉄会社の前身であつた、田舎臭い其電車会社にちなんで、箕有山人と言ふ名前を使つてゐたから、箕有山人を急山人ともじつただけで深い意味は無い」と説明する。この雅号は早く明治期から使用していたことは、すでに指摘したところである。

　内容は小作品を含む長短の三部からなり、「襟替」は全体の一割余、「イ菱大尽」は三九パーセント、「梅奴」はおよそ半分を占める。そのうち「イ菱大尽」の末尾に「大正四年八、九月中」とあるため、その前後はそれ以前の二年か三年に書いていたのであろうか。初めの「襟替」は十八歳の豆千代が舞妓から芸妓へと変わる日の姿、姉としての豆力はかいがいしく世話をし、「津川」に出かけて女将清子《せいこ》にあいさつ、十五でこの世界に入り三年の歳月がたつ。襟替えの意味もよく理解できないままのういういしい豆千代、この日の訪れがうれしくて前の夜から食事もろくにしていないというありさまで、そのあでやかな美しい着物姿は、

　白絽《しろろ》の下着《したぎ》に黒絽《くろろ》の裾模様《すそもやう》、光琳風《くわうりんふう》の蚕豆《そらまめ》の花《はな》の縫取《ぬいと》り、あたりに這《は》ふ蔓《つる》の行衛《ゆくゑ》に添《そ》うて細腰《さいえう》にからまる風情《ふぜい》、桔梗《ききやう》の五《いつ》ツ紋《もん》にきかせて帯《おび》は濃《こ》い水色地《みづいろぢ》に金《きん》と銀摺《ぎんずり》の七草《ななくさ》の巧《たくみ》に風《かぜ》に乱《みだ》れたる、白襟《しろえり》は銀《ぎん》の青海波《せいかいなみ》の箔置《はくお》き、帯留《おびどめ》はそら豆《まめ》つなぎ、豆《まめ》の実《み》にあしらう宝玉《ダイヤ》のきらめける、緋《ひ》の疋田《ひつた》の帯上《おびあげ》の艶《えん》に色《いろ》めける、鼈甲《べつかふ》の櫛《くし》、翡翠《ひすい》の玉《たま》、初《はじめ》て結《ゆひ》し島田髷《しまだまげ》のふつくりと似合《にあ》ひたる。

と、総ルビによる詳細な描写をしていく。それまでの赤襟から白襟に襟替えするというのは、一本立ちの芸妓になり、旦那を持つことにもなる。これらの衣装や身に着けた物を点検していくといずれも的確であり、生半可な知識では容易ではない。細部にこだわるのは前作の「上方是非録」に通じるのだが、ただこのような表現が続くわけではなく、これから運命とともに変貌していく舞妓だ

けに、襟替えという節目の風俗の姿を、作者は記録にとどめておきたいとの思いもあったのであろう。

現代的な感覚からすると、日常生活における舞妓や芸妓の姿は縁遠い存在ながら、明治から大正、昭和初期においては、美人絵葉書や芸者絵葉書が売り出され、東西の美女の姿が評判にもなっていた時代である。「文芸倶楽部」（博文館）の臨時増刊号には「花柳風俗誌」（明治三十八年七月号）が特集され、ここには「花柳会の規約」から「吉原の新造」「恋の品川」「横浜の花柳界」以下各地の評判記が書かれ、「京都の遊郭」「浪華の花柳界」ももちろん詳細に紹介される。口絵写真には幾人も各地の芸妓の写真が掲載され、大正期以降になると「文芸倶楽部」は大衆化していくものの、明治期は尾崎紅葉を初め田山花袋、幸田露伴などの小説の発表があり、泉鏡花はこの雑誌から売り出すなど純文学の雑誌として評判の高さを持っていた。当時の知識階級に支えられた存在でもあるだけに小林一三も愛読したようで、当時の雑誌が蔵書の一つとして残されもする。

この記事の冒頭に、「ある人、京都は日本の公園、大阪は日本の遊郭なりと評しき。誠に大阪一部の生命は道頓堀の芝居にして、一部の生命は市中の各所に散在せる五遊郭なると云ふまでも無し」とし、南地五花街、曾根崎新地、新町、堀江、松島を上げ、それぞれの歴史、風俗、特殊な言語、習慣などについて説明していく。この小説の舞台となったのは曾根崎新地、「技芸と品格とをもて本領を発揮せんと務むるが如き状《さま》あり」とされ、とりわけ品格の高さが称賛される。いうまでもなく、近松の『曾根崎心中』の舞台であり、お初天神の地としてもよく知られ、梅田から近いこ

「文芸倶楽部」（花柳風俗誌）

とも小林にとっては馴染みでもあったのであろう。

芸妓になるにあたって大切なことは、まず「姉芸妓」を持たなければならず、いなければ店からしかるべき人に頼み込むことになる。断られたからといって別の姉芸妓を探してはならず、承諾されるまで幾度も懇請するのだという。これによって姉妹の関係を持つと、まず妹は姉芸妓のもとへ行き、「例として鏡台の掃除」をし、時に稽古を受け、目にかなうと茶屋に預けられて見習いをするとともに、座敷の模様、客への待遇、その他風俗習慣を身につけなければならない。理由は書かれていないが、「鏡台の掃除」というのは「姉妹」にかけた洒落なのであろうか。

いよいよ襟替えとしての一本立ちの芸妓となるにあたっては、店出しの式をとり行い、

これ実に芸妓一代の晴の式であるため、裳《すそ》模様紋付の衣装、高髷《こうわげ》に笄《かうがい》を挿し、店の妓丁《はこや》（少きは二人、多きは三人）と姉芸妓とが付き添ひ（姉芸妓も又裳《すそ》模様高髷《こうわげ》なり）廓中の茶屋やかた料理屋を廻り云々

と、その手順や衣装についても説明していく。それだけに、小林は姉の豆力にともなわれてあいさ

つに訪れる豆千代の晴れ姿を、細部まで再現しようとしたに違いない。また「芸妓のやかた」について、第三部の「梅奴」に描かれるため引用しておくと、

芸妓娼妓の住居《スマヒ》に限りて「やかた」といふ。如何《いか》なる意味かを知らず。「やかた」に小方《こかた》やかた、店やかた、自前《じまえ》やかたの三種あり。…自前やかたは別に家を借りて、兎も角も住へるをいふ。東京などの如く御神燈を吊るにもあらず、神棚を祀るにもあらず、延喜棚あるにもあらず、普通の住宅と異ること無し。

と、東京などとは異なり、まったく普通の家だとする。そのほかさまざまな習慣なども説明しているが、それらを理解した上で小林の作品を読むと、細部にいたるまで心配りをしている実態を知る。

小林は大阪に赴任した当初は「文学的な名所古跡をたずねて、奈良や京都や、さういふ旅行に気を取られ、文楽や道頓堀の芝居や、さういふ方面にも忙しかったので、花明柳暗といふやうな気のきいた遊びには門外漢であった」(『奈良のはたごや』)と述べ、また、

さういふ経験がないのであるから、実行方法についてはもちろん無知である。しかし、いやしくも文学青年を志し、恋愛小説を書き、未だ一度も試みざる花柳社会をゐがくほどの逢着な、ませた私は、内心、一度ぐらゐたまには誘つてくれさうなものだとうらめしさうに考へてゐる下宿屋の広い座敷に、独り取り残されて輾転反側したその翌る日のことである。「君と一緒にゐると君も勉強が出来ないだらう、どこぞ素人下宿でも探して、お互ひに、別々にならうではないか」(同)

と、同宿（本町橋東詰南入川沿）していた謹直な先輩菊本直次郎の提案によって、半年後別に新たな宿を求めることになった。転居した先は、道修町一丁目花房旅館と背中合わせの兵頭おとみという六十ばかりの妾宅の奥座敷だったというので、そこで裏話などの小説になる具体的な材料も入手することになったのであろう。ここでも言及するように、小林は銀行に勤めても「文学青年」になることを志向し、恋愛小説を書こうとしていた。それが「上方是非録」になり、さらに練り直しての『曾根崎艶話』へと発展したのであろう。

前の夜、豆千代は松糸に呼ばれての座敷、はなやかな衣装に身を包んだ市松人形のような姿、南船場の大原という綿谷の若旦那は、「お前の舞妓姿もこれで見おさめだなあ」とつくづく感慨深い思いで口にする。豆千代は早く姉の揃えてくれた衣装に着かえたく、心の躍るような思いで、食事もろくにしないまま松糸を早退する。このようにして翌日となり、冒頭の襟替のあいさつに津川を訪れる場面へと展開していくのである。初々しい豆千代は、その後どのような運命をたどっていくのか、この短い章はこれで閉じられ、その後の姿は描かれないままとなる。

2 イ菱大尽と伊予治

大阪北新地のとある茶屋、そこには十三の舞妓のころから評判の、今では三十ばかりとなった呂《ろ》之吉《のきち》、北陽の一二を争う美しい小奴、それに小力といった芸妓たちが堂島川の涼風に吹かれ、色街の明かりを目にしながら、若旦那をまじえてのたわいない話が続く。二十二、三歳の小奴は父親想いの孝行娘、実の妹の梅奴も同じ茶屋の愛嬌者だが、派手で我がままな性格、それだけに苦労続きであった。小奴の住む堂島裏町の屋形は格子造りで表札には女の名と電話番号、二階は十畳の座敷、桐柾《きりまさ》の七尺箪笥が二本、床の間には長方形の大鏡があり、真ん中に長火鉢という見取り、これだけでも売れっ子の芸妓の生活のさまを知ることができる。しかし、四十ばかりの旦那の事業の失敗、小奴は借金を背負って一度は「丸髷」になったとあるので、その後誰かと結婚したのであろうか。堂島の片隅で三年間燻って下働きをしながら返済したものの、また借金を負うて「二度の返り咲き」と、芸妓生活を再びするにいたったという。今では頼りない若い旦那、それにくらべ妹の梅奴は真面目ながら年老いた旦那を持つにいたったと回想する。

芸妓たちを相手にしながらうかぬ顔の若旦那とは、

日本一の色役中村鴈十郎の紙屋治兵衛に悩殺せられて来た幾百万の婦女子《をんなこども》は、半襟も簪《かんざし》もイ菱の紋散し、成駒屋の若旦那と持囃《もてはや》された色男も寄る年波に褪《あ》せゆく恋情《こころ》のもどかしくなつて、山の端に輝《かがや》く落日《ゆうひ》の光のやうに、刻々に淋しく暮れゆく思《おもひ》を、強《しひ》て賑かに酔《ゑ》ふ色町の酒の味、五十六歳の若旦那は火の見の欄干《てすり》に腰をかけて、梅田停車場のあたり、赤に、白に、青に、変りゆく仁丹の広告を見飽てか、つゝと立《たつ》て柱にもたれながら、黙つて西の方を見て居る。

とすでに五十六歳の男、若い芸妓などからもてはやされた治兵衛も、日が西の山の端に沈む姿と重なり、鮮やかな色にも飽きたのか、そこには寂しさがただようばかりだった。芸妓たちからは「若

『曾根崎艶話』初版口絵

旦那」と、かつてのはなやかな頃と変わりなく呼ばれるものの、身の老いは隠しようもなく、憂いに沈む思いだった。

ここで突如として「イ菱の紋散し、成駒屋の若旦那」の「中村鴈十郎」として登場するのは、イ菱を定紋とする成駒屋の一字違いの「中村鴈治郎」を明らかにモデルにしていると言わざるを得ない。初代は安政七年（一八六〇）に大阪の妓楼屋で生まれており、父は三代目中村翫雀、明治、大正の花形役者として大変な人気を博し、とりわけ近松の世話物が得意で、『心中天網島』の紙屋治兵衛役は当たり役だった。しかもこの年数えで五十六歳だけに紛れようもない実在人物、ただ酒はまったく飲めなかったという。昭和十年に七十四歳で亡くなっているため、小林が作品を執筆した大正四年当時はまだ健在であった。一読してすぐわかるような人物設定をことさら起用したというのは、鴈治郎と芸妓の浮名を暴露するというのではなく、識者の間では広く知られていたことによるのかもしれない。

作品での鴈十郎は日本一の名優と称えられ、この四十年もの間、浪花の粋者の心を悩ませ尽くし、さまざまな艶福話も多いとはいえ、過ぎ去った春を惜しむような悲しみの思い、身体的な老いも明らかで、小奴から渡されたコップ酒を口にしながら、にぎやかに振る舞おうとする。心楽しまないのは伊予治がまだ姿を見せないからで、それと知っている芸妓たちも鴈十郎の気を慰めようと座興の話で盛り立てる。伊予治が鴈十郎となじみとなったのは十五、六の頃、その浮名は長く新聞の三面記事にもなったほどで、それから同じ年を重ねるほどの旦那として続いてきた。鴈十郎もふと昔の不思議な話を口にし始め、芸妓たちは興味深く耳を傾けて催促する。

京都の南座での顔見世興行の後、人と会うつもりで楽屋着のまま三条大橋を渡っていると、後ろから呼び止める頭巾をした女の二人連れ、「飛び上るほどビックリしましたぜ」と気を持たせた話しぶりに、「先斗町《ぽんとちやう》の女《をなご》はんだつか」などと聞くと、「ところが、さうで無い、是非急に、どうしてもお願《ねが》ひをしたい、人の命にか丶はるという具合に、一人の女子《をなご》はんが、涙ながらに口説《くどき》まつしやろ」と、このあたりの語り手と聞き手の呼吸を合わせたような話しぶりに読者は引き込まれていく。人力車に乗せられ、「月の無い暗い闇の十二時過ぎ、川添ひに淋しい街を蹴上《けあげ》の方へ行くやうすだんね」と東へと向かう。「お寺のやうな土塀のある坂路《さかみち》に出ると、寒うい風が吹く、サラ〳〵と竹《たけ》藪《やぶ》に物凄《ものすご》い響《ひびき》がする、どこぞで木魚《もくぎょ》が……ボーツ、ボーツ」とまさに怪談話のような語り口に「嫌だすぜ、恐いわ若旦那」と呂之吉《ろのきち》と小奴は身を寄せ合う。やがて別荘風の建物で降り、室内に案内され、茶菓の接待を受ける。一人の頭巾の女は三十ばかり、十四、五年前の扇雀といっていた頃からのファン、そこで少し気が緩んだところで話を聞くと、姉の娘が鴈十郎を見初めての恋煩い、一目会ってほしいとの頼みである。連れて来たのは十五、六の美しい娘、やっと落ち着いて寝たのは明け方近く、「眼が醒めて見ると、有明の燈火《ともしび》は消えて戸の透間《すきま》から朝日がさし込んで居る」と語

『曾根崎艶話』初版口絵

り、起き上がって見ると昨夜の二人の女はすでにいなく、預かりの白髪の老婆がいるだけという不思議な体験談である。

南座では中幕が「梅忠の茶屋場」、大入りの大人気だっただけに、鴈十郎がいないと大騒ぎになっていた。『恋飛脚大和往来』の新町井筒屋を舞台にした「茶屋の場」、遊女梅川を身請けしようとする八右衛門、自分が先にとの思いから忠兵衛は蔵屋敷からの預り金を取り出してしまう。晴れて自由の身となった梅川は、門出の祝いもそこそこに忠兵衛と茶屋を出るものの、公金の横領と知り、これでは死罪になるのは必定と大和へと逃げて行く。この亀屋忠兵衛役は初代鴈治郎の当たり役となり、その後も成駒屋の得意芸として継承されていく。

鴈十郎はどうにか幕開け前には茫然とした姿で楽屋入り、人々の心配も聞き流しながら茶屋場に合わせて忠兵衛の身支度をし、いつものように舞台へ出ると、目の前の席には昨夜の二人の姿が目にはいってくる。「吃驚《びつくり》しましたぜ、直《す》ぐ眼の前に居やおまへんか」と、身振りをまじえた鴈十郎の話。後で知ったところによると、先斗町《ぽんとちやう》の連中の狂言で、三十ばかりの芸妓が屋敷を借り、若い舞妓と仕組んだ芝居だったというのだ。

一方の伊予治は、もう一人の旦那の戸井翁の接待、経済界で敏腕を揮うやり手として知られ、年は大隈重信と同じ七十七歳という。平鹿の女将に「今夜行く」と電話をすると、伊予治が相手になることを意味し、あくまでも「電話の人」という秘密の仲ではあった。伊予治は急いで俥で裏町の屋形に戻り、着物を着かえると時家《ときや》の茶屋に駆けつけ、すぐさま鴈十郎の座敷に顔を出す。「貴妓《あんた》、汽車に乗遅れはつたてな」と呂之吉、「終電車《しまひでんしや》の急行にやつと間に合ひまして。あの電車船のやうにゆれまつしやろ。直《ぢき》、酔ふし、苦しゆおましてな」と伊予治、「伊予治さん京阪電車へ乗ツてきはやつたのか」と呂之吉は京阪電車のことばに力をいれて「あの電車、貴妓《あんた》酔ふか、妙ヤな」「だれだつて酔ふは」と暗示めいた芸妓たちの会話が続く。

　伊予治と戸井翁との関係は誰でも知っての仲のようで、鴈十郎も話に入ってきて、「あの電車の社長はん誰やつたしナ」と問いかける。「戸井翁は京阪電車の社長であることを鴈十郎は勿論知ツて居る」と説明のことばが挿入されており、ここでも急にモデルが明かされる。京阪電鉄といえば大阪と京都との路線、東京の渋沢栄一なども加わっての開発が始まり、会社の立ち上げが明治三十九年、開通したのは四十一年になってのことであった。大正元年に土居道夫が社長となり、この小説の書かれた頃も在職していた。土居は明治維新後司法官となり、鴻池の顧問として財界でも活躍し、衆議院議員にもなっている。とりわけ大阪とのかかわりは深く、大阪商工会議所会頭となり、第五回国内勧業博覧会を誘致して跡地に通天閣を建て、京阪電鉄の社長に就任するなど電鉄事業にも参画する。大正六年に八十一歳で亡くなっているため、大正四年は七十九、小説の戸井翁と実在の土居道夫との年齢を一致させてはいないものの、ここまで指摘すればモデルとすぐ知られるであろう。土居（小説では「戸井」）は「無腸」という俳句の号を持つほどの文学好みだけに、小林も共鳴したはずながら、あえて伊予治の旦那として登場させたのは、同じ鉄道事業のライバル意識があったことによるのか、そのあたりの起用の真意について明らかではない。

褪せゆく老いの鴈十郎、伊予治とてこの先どのようになっていくのかわからない身、戸井翁とはとても長く世話になれないとの覚悟をするにつけ、この廓の里は「外見《みえ》と意気治《いきぢ》」の世界だけに二人の行く末を朋輩衆もやきもきする。ただ伊予治は「何や彼やで、添ひ遂げねばならぬやうに、一日々々と深い人情の恋に落ちゆく」思いもしながら、鴈十郎は「かたくなの悋気《やきもち》」がつい口に出る。「若旦那がいつでも心配ばかりさすさかい、泣きたうなりまんね、ほんまに、何故《なぜ》こないにぢき泣き度《た》うなりまつしやろ、泣くまいと思ひまつせ、我慢してまつけど、なんや知ら直涙《ぢき》が出まんね」と訴える伊予治、鴈十郎は「悲しい涙は目より出《いで》」と治兵衛の声色で答えるしかない。このような二人の痴話のうちに、「東の空はほの〴〵と白みかかる頃ふたりはやう〳〵眠るのである」として「イ菱大尽」は終わりを告げる。

『心中天網島』の紙屋治兵衛は小春との心中の起請文を取り返したものの、仕事もする気になれず家でぶらぶらするばかり。妻のおさんは夫に小春の身請けをさせようとは思うものの、「さほど心残らば泣しやんせ〳〵。その涙が蜆川《しじみがわ》へ流れて小春の汲《くん》で呑《のみ》やらふぞ。エ、曲もない恨めしや」と嘆くと、治兵衛は涙をぬぐいながら「悲しい涙は目より出」とことばを返す。思い切ることのできない治兵衛の涙、それは鴈十郎のやるせない心根でもあった。このようにして筆を措くスタイルは芝居のようであり、また二人はその後どのようになったのか、読む者には気にかかるところでもある。事実かどうかはともかく、芝居好きな小林ならではの構成といえよう。

なお『逸翁自叙伝』に、

遊び仲間の一人に、北浜株式店の若主人であった浜崎健吉君がある。三田の益田先生の膝下に同宿した関係から、大阪に来ると第一番にお訪ねした。それは着阪後一ケ月もたたない、まだまだ残暑の堪へがたき時であった。私は築地の「竹式」という料亭に案内されたのである。今橋西詰を北に、細い曲りくねった路地の奥にゆくとつき当りに、大河に面した立派な料亭であった。…私達二人に対して、たった一人の舞妓と付添の仲居が、いろいろと話す。その大阪言葉が実に嬉しかった。この舞妓が真っ白く厚化粧して、笹色紅の唇や櫛かんざし、うすものの長い振袖など、珍らしい容姿をまのあたり近く、初めて舞妓さんといふものに接したので、こんな嬉しいことはなかった。そののち聞くところによると、浜崎君の愛妓呂之助といふ、文楽の呂太夫の娘だといふことを聞いたが、この呂之助はそれから二三十年後、北陽第一の俠妓として活躍して居つた時代、私達友人のグループに飛込んで来た因縁もあり、今なほ達者に暮らしてゐるものとせば、恐らく七十近い色も恋もない老婆となって、一人なつかしく昔をしのぶであらうと思ふ。

と、北陽第一とされた呂之助の想い出が綴られる。小説に登場する呂之助そのものではないにしても、このような若い頃の体験が、『曾根崎艶話』の基本的な素材になったことは確かであろう。

3　梅奴の生き方

『曾根崎艶話』は三部構成、それぞれの内容は関連なく、舞妓から芸妓になった豆千代、第二部は雁十郎を中心としながら旦那とのかかわりで苦悩する伊代治に焦点を当て、最後は奔放に生きようとする梅奴の人生をもっとも多くの紙数を割いて描いていく。梅奴は、姉の小力を頼みにして十四の冬、津川に舞妓として出るようになり、舞も鼓も評判であった。見習いの身ながら茶屋の松糸で三十五、六の東洋物産大連支店長三輪に見初められ、その世話を受けるようなる。毎年春秋の二度東京本店との往復の道すがら大阪に半月滞在し、梅奴と芝居や物見遊山をして中国へもどっていくという生活である。毎月のお手当、盆暮れの心づけ、松糸でも義理固く梅奴は三輪一人を相手にしての扱いであった。梅奴にはそれが当たり前の生活のように思い、意識することもないまま過ごしてきた。十八歳になっての襟替が派手にできたのも三輪のお蔭ながら、梅奴はもの足りない思いもするようになる。

東洋物産といった名称は思いつきやすい企業名だけに、たんなる架空ともいえようし、小林との関係からすると明治九年に井上馨や益田孝の設立した三井物産が念頭にあったのかも知れなく、ちなみに大連支店の開設は明治三十七年であった。小林の明治期の日記にはしばしば三井物産の名前が出てくるし、友人もいたのは明らかで、明治三十九年一月六日には三井銀行の大広間で三井家一同の新年会が催され、益田孝の「三井家万歳」に和して三唱したともする。三輪なる支店長の有無はともかく、そのような話題は仕入れやすい立場にいたことは確かである。

松糸に出入りする客の一人に大森という、これまた三十五、六の人物がいた。梅奴が気に入りながら、三輪という大物が存在するだけに遠慮して酒の相手に選ぶだけ、ほかの芸妓たちにも向かって旦那と恋人との違い、女の生き方などについて論じていく。「オ、六敷《むつかし》ね」と聞く梅奴、大森は、「惚れた仲ならば旦那よりも恋人で苦労するのが人生の意義に叶ふと云ふものだ」とか、「畢竟《つまり》、惚れた男で苦労するのが精神的に女の幸福だと云ふ訳さ」と答える。このことばが、その後の梅奴を呪縛し、思いがけない運命に翻弄されることになる。

梅奴のもとに通う若い貞坊（虫井貞三）は、思いを打ち明けるものの、自分には三輪がいるだけに本気にすることはなかった。貞坊は道頓堀の有名な料理屋丸松の次男、長男の半太郎が病弱なだけにいずれは家を継ぐ身ながら、今は遊び盛りの色男で道楽者である。ところが大森の「よい芸者になるには好きな人と一緒になること」のロマンに心引かれ、松糸での梅奴の姉さんの忠告も耳にすることなく密かに逢う仲となってしまう。京都での座敷に出ていた梅奴は一人抜けて汽車で大阪に戻り、貞坊に会ってしまう。今さら茶屋の松糸に戻ることができなく、貞坊のことばに心動かされて結婚を決意し、しばらく駆け落ちすることになった。彼の後に従い、難波から南海電車に乗って降りたのは玉出駅、かつて丸松に勤めていたお近の家、その二階が二人の隠れ家となる。

そこで四日過ごしたところで、兄半太郎が当たりをつけて探しに訪れ、母が心配していると説得されると、貞坊はともかく一度大阪の家にもどって親を説得するという。梅奴は兄弟と別れて一人梅田に出て、自分の屋形に戻ってくる。舞妓になるときの津川への借金、三輪との関係などと、梅奴は心配なことばかりとはいえ、ただ貞坊の奥さんになれるという望みで、憂いを忘れようとする。姉のお銀を通じて松糸に詫びを入れ、東京の三輪に自らの過ちの謝罪に赴き、「嫁に行きたい」と暇をもらうことになる。

ところが貞坊は、一日過ぎるともう駆け落ちのことなど忘れて冷たい態度、別の芸妓を追いかけているありさまで、梅奴は騙されたことを初めて知る。命にかけた梅奴の恋も、貞坊の浮気心に翻弄されてあっけない幕切れ、「そのうち梅奴は甘い苦しい恋よりも、美しい薄つぺらな恋に満足するやうになつて、何不足なく立派な紳士に養はれて居るのである」とのことばで終焉となる。何も具体的に語られていないものの、梅奴は親や借金のある松糸の説得もあり、再び芸妓として勤め、老紳士の旦那のもとで気ままな生活をするようなったというのであろう。

大正五年に出版された『曾根崎艶話』はこのように三人の芸妓が登場し、それぞれの人生の断面が描かれ、モデルらしい人物や多くの芸妓が登場するとはいえ、内容はそれほど複雑に、また多様に展開するわけではない。それに対して、「上方是非録」は「僕」の目を通しての芸妓論、花街論を開陳し、大阪の将来像から公園や宅地にいたるまで作者の主義主張を織り込み、各所に浄瑠璃を連想させる表現を用い、話題を次々と繰り出していく作風だったが、このたびはそれとは異なり、明らかに物語としての強いテーマ意識が背景に存する。そのような流れからすると、前作はいわば習作といってよく、後半の原稿が存在しないというのも、途中で執筆を放棄したのかもしれない。

大正期にあらためて花街の女の姿を描こうと、オムニバス的な作品に改め、三人の女性によってその風俗のもとで生きる姿に焦点を当てたのではないかと思う。

初めにも指摘したように、昭和二十三年十月に『曾根崎艶話』は芙蓉書店から出版されており、刊記は「再版」などのことばはなく、初めに「新円問答（序文にかえて）―昭和二十一年二月の或る日―」として作品の成立事情について語る。新聞記者かの質問に答える体裁になっており、戦後の急激なインフレの時代、生活費はどのようにしているのかと小林に尋ねると、手っ取り早くは売り食いだとし、最近では二部所蔵していた『大正名器鑑』が千四百円で売れ、そのほかにも不用品の処分によってまかなっていると答える。すると相手は、「先生のお手許には新円が眠つてゐることを知つて居りますので」とし、さらに「それは絶版本の再刊です」という。小林はそのようなものはないというと、

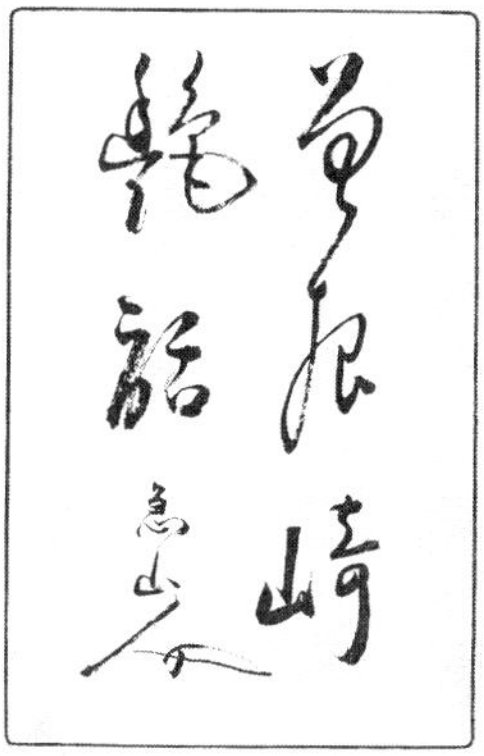

『曾根崎艶話』初版内題

イヤ、有ります。匿名で御発行になり、風俗壊乱として告発され、即席裁判で罰金に付せられて、問題が起りそうになつたので、先生の社会的立場から……或は其当時先輩の人達からも「君が大阪の実業界でやつてゆこうといふならばニキビ臭い三文文士の真似をやつてあゝした草艸子めいた本は直ちに絶版し玉へ」と忠告されたという話もきいてゐる。大阪毎日の高木利太

さんなどは絶版勧告の代表者であり、そういう関係から当時の新聞社連中は其内容は大概知つている、現にかく言ふ私も知つてゐる一人ですから……

と、人のことばを借りて『曾根崎艶話』の絶版と罰金のあった事情を語っていく。小林はとぼけて知らないとは言うものの、相手は追及の手を緩めず、表紙は「鹿の子絞り模様麻の葉の艶ぽい本」と具体的に示しての執拗なことばに、本音を吐露する。

井原西鶴の「色道艶話」から考えついて、「曾根崎艶話」とつけたもの、此種の人情本は興味本位から其時代色に浸つて耽読すれば、そこにいろ〳〵のモデルが活躍するから面白いので、敗戦国のみじめな今日此頃、殊に曾根崎新地は荒れ果てた焦熱の瓦礫の原、恋も情けも昔の夢と消えて、凡そ縁遠い花街の痴話狂ひ、其当時でさへ匿名で出版したものを如何に厚釜しいとは言へ今更老妓の厚化粧、二度の勤は恥曝しに終るから。

小林はこのように釈明して再版を断るものの、相手はさらにことばを継いで、

明治大正の曾根崎新地には、おさんの涙に名高い蜆川《しじみがわ》も天満火事から埋立てられて大河への船涼み跡を絶ち、茶屋行燈におぼろ月夜の忍ぶ逢瀬というやうな粋な世界の影はどこにもない、其時代の花街の風俗は、只僅かに「曾根崎艶話」の存在によつてのみうかがひ知ることが出来る、而かも大阪の俳優鴈治郎を初めとして財界一流の名士、其社交的生活と花明柳暗の時代鏡、幾久しく変るところ無き絵巻物として珍重すべき参考書である以上は、仮に先生が御承諾でないとしても、失礼ながら、老齢前途短かき其生涯が終る時は、勝手にどこからでも出版せら

る、にきまつてゐる、

と、作品の風俗史としても貴重な証言と称賛し、自ら出版しないとしても、いずれは大阪の出版社が勝手に出すであろうと述べ、再版するように慫慂する。

小林は黙って出版してもよいものながら、さすがに罰金までくらった作品だけに、胸を張って世に問うには財界人の一人としてはさすがに忸怩たる思いもあり、言い訳の口実としてこのような芝居仕立ての口上を書き連ねたのであろう。ただ、記者らしき人物の評価はそのまま作者の本音でもあり、戦後の混乱によって失われていく曾根崎新地の人々の生きた姿を、鴈治郎も財界人のモデルも存するとはいえ、記録としても残しておきたいとの強い思いが確かにあった。序文の末に「昭和二十三年二月の吉日　小林一三」とし、刊行された十月とはいささか時間のずれがあるのは、初版をそのまま復刻するのではなく、書き加えるなどして手を入れようとの思いがあったことによろう。

大正五年版では三部仕立て、再版本は序文を付すとともに、「襟替」「イ菱大尽」「心中未遂」「紅梅の蕾」の四部の構成となる。後半の二章を入れ替えたような目次なのだが、「心中未遂」は初版の「梅奴」そのままで内容を異にするわけではなく、どういう事情で変更したのか、梅奴が貞坊から見放され、悲観して心中未遂の事件を起こしたというのであれば理解できなくはないものの、「立派な紳士に養はれて居るのである」とする末尾も同じだけにやや奇異な思いがする。初版から再版への大きな違いは、筆者名を「急山人」から「小林一三」とし、彩色による口絵「舞妓　千種女画」と「紙屋治兵衛　草平画」の二枚がなくなったのと、タイトルの変更、一章の付加、それに一部の漢字をかなに書き改めるといった程度である。

末尾に付加した「紅梅の蕾」は、北陽河西屋の一人娘お喜代は愛くるしい十八歳、女学校を出ると裁縫、活花の稽古にいそしむ町方の娘と変わりのない生活である。女将のおゑんは四十五、六、十年前に世話になった旦那と死別し、早く四つになるお喜代を養女に迎えての、今では二人暮らし。ただ東京の大きな会社が使用することで、河西屋は茶屋としてのなりわいを続けていた。とりわけ紡績会社の五十ばかりの社長富田が通うようになって七年、店もそれなりに繁昌している。おゑんは、松糸の娘のお銀さんが立派な方の世話になりながら座敷にも出ているのは、お茶屋の理想的な姿と思うにつけ、お喜代をそのようにしたいと願いながらも、娘のためにこの商売からすっかり足を洗おうとの思いもあるため、なかなか言い出せない。富田は、おゑんに「あくまでもこの商売を続けるつもりか、喜代に婿をもらってやめるか」と問い詰め、河西屋の二代目にすることを勧める。富田がお喜代の気持ちを確かめるのと、おゑんが芸妓のための「湯上りの着物」について口にしたことで、お喜代は密かに決意する。富田と対したお喜代、「床の花活に室咲の紅梅の蕾の一枝はゆかしい馨を放つのである」との描写でタイトルが生まれ、彼女の運命を暗示する表現ともなっていよう。

付加された短い「紅梅の蕾」からは、この後のお喜代の姿など知りようがない。あるいは、初めにもどって豆千代のように舞妓から襟替をし、またそれぞれの芸妓の運命を背負って生きていかなければならないというのであろうか。これを付加するためだけの再版とは考えられなく、少年のころからの記録者としての小林一三にとっては、失われた大阪の風俗の一面を記録としても残しておかなければならないという、戦争という悲惨な破壊と混乱の後の時代にこそとの義務感があったのかも知れない。

4　芸妓論

初版本も再版本も、表紙は朱の鹿の子絞り模様は変わりなく、装丁は誰とも書かれていないものの、作者は気に入っていたようである。昭和の戦後版はどれほど出回ったのかは不明ながら、ただ初版と再版本との関係はこれまで述べて来たような截然としたものではなく、出版事情はやや複雑だったのではないかと思われるような記事が小林の日記に存する。

昭和二十一年五月三日のことで、そこには次のような長い記述を見いだす。

熱海の永見氏から旧著『曾根崎艶話』を送つて来てサインをしてくれと言ふので開いて見ると再版の分で「紅梅の蕾」が増補追加されてゐる。この「紅梅の蕾」は、かつて風情壊乱で即席裁判罰金をとられた問題の小説であるが、今、再読して見るとその風俗壊乱と目せられた部分は落欠になつてゐるから現在記憶はないが二、三行位で、なんでも乳房をいぢつて、一寸口づけて「まるで紅梅の蕾だとつぶやいた」と言ふやうな文句だと思ふ。近代の表現から言ふならば、左して問題となすべきほどのものではないと思ふが、これも時代の進歩と言ふべしだらう。

この小説は、まだ我国に情話ものが氾濫しない以前の作品で、私は其頃情話といふ文句を思ひ浮べなくて西鶴の『色道艶話』から『曾根崎艶話』と名付けたのであるが、それから数年たつて此種の情話ものが流行し出したのであるから我国に於ける最初の出現といふべしである。

元来、私が此小説を書いた当時の心境は、如此痴話物狂ひのやうな花街の日常座談を興味本位に面白く書きつゞるのが目的では無い。風俗史の一ページとして将来参考になるべき曾根崎花街の絵巻物として珍重されるものとして必要品だと信じたからである。若し単に小説的筋書にモット波瀾を多くしてふつうの小説のやうに読者を引つづけてゆく方針であつたならば或はより以上に面白く書けたかもしれないが、只だ写実的に、ありのまゝの光景を後世偲ばしむるに足る有益な参考書として必ず残る資格のある冊子としたい希望を以て筆を執つたものである。

果して私の目的は達せられたと信じてゐる、今や曾根崎新地は此戦災によつて消滅した。明治、大正の曾根崎新地は近松門左衛門以来あの蜆川の名文句と共に浪花名所であり、いろ〳〵の恋物語を展べつくしたであらうが、曾根崎そのもの、花街の状況を、再現せしむるが如くに思ひ出すに足る何者かゞあるだらうか—と考へて見ると、此貧しい拙き小説より外にないのでは無いかと思ふ、果して然らば、私は断じて徒労ではなかつたと喜ぶのである。

再版した序文と一部重なる言説ながら、日記の書かれた日付けは明らかに昭和二十一年五月であり、「序文」の末尾に付されていた「昭和二十二年二月」よりも時間的にはかなりさかのぼる。しかも刊記によって出版されたのは昭和二十三年十月十日以降のはずながら、熱海の氷見氏はすでに『曾根崎艶話』を入手しており、それにサインをしてほしいと送付してきたというのである。氷見という名前はここにしか出てこないため、小林とどのような関係なのかはわからない。送られてきた本を見ると、「紅梅の蕾」が増補追加されている再版本だという。確かにそうなのだが、奇妙なのは昭和二十三年に出版されたはずの再版本を、氷見はどうして昭和二十一年五月に所持していたのかということである。日記の日付が異なっているとも処理できなくはないが、『小林一三日記(二)』には昭和二十年一月十七日から書き始められ、日を追って詳細な記録が昭和二十三年十二月十一日まで続き、前後の破綻もない。可能性のある処理としては、現在流布する昭和二十三年十月の刊記は、実は二十年ではなかったのか、あるいは戦後ほどない混乱期に私家版のような形式で一度出版され、その評判によって正式に出版社から二十三年に出されたのか、などと考えをめぐらしたくもなってくる。

「増補追加」したという「紅梅の蕾」について、日記に「この『紅梅の蕾』は、かつて風情壊乱で即席裁判罰金をとられた問題の小説であるが」と回想し、初版にも挿入されていたかのような書き方をする。大正版には「紅梅の蕾」の章はなく、自らも「増補追加」しているので再版本だと断定している。初版も再版も表紙模様は同体裁で、初版は『曾根崎艶話』の文字が草書体の金型押しにして著者名がなく、背表紙にも一切文字は記入されていない。再版本になると、歌舞伎をイメージする勘亭流によって「曾根崎艶話」とし「小林一三著」とあり、背表紙も同じスタイルである。

だからといって著作者本人が間違うはずはなく、「紅梅の蕾」が風俗壊乱によって絶版になって罰金の対象になったというのでもあるまい。ここでは「紅梅の蕾」のような花街の情話物を盛り込んだ『曾根崎艶話』が処分されたというのであり、初版にはまだこの作品は書かれていなかったはずである。

小林は熱海の氷見からサインをしてほしいと送られたのを見て、初版本がこのようにまだ人の手もとに残されていたのかと感慨深くもなったのであろうが、目次を見て「紅梅の蕾」の書かれているのに気づき、やや落胆するような思いで再版本だったとしたのであろう。そうであるにしても、日記と本の出版日とのずれは説明のしようがなく、無理な解釈をすれば、日記の原本が存在しないので憶測にしかすぎないが、編集者が後年の記事をうっかり昭和二十一年に挿入してしまったというほかはない。

もう一点解せないのは、これは記憶によるとしながらも、乳房の表現に「まるで紅梅の蕾だとつぶやいた」とする表現が検閲にひっかかったとする点で、大正五年の初版にはどこにもそのような表現は見いだされないし、まして後に増補した「紅梅の蕾」にも該当する文言は見当たらない。あらためて再版本の「序文」を確かめると、「風俗壊乱として告発され、即席裁判で罰金に付せられて、問題が起りそうになつた」とあり、具体的にどの表現が風俗紊乱とされ、実際に発禁処分があったのか、誰かの告発によって問題が大きくなりそうになったため、罰金の支払いですまされたのか、あいまいなままというほかはない。出版された本を読んだ者が風俗壊乱とどこに告発したのか、各新聞記者はその事件をいち早く聞きつけ、大阪の実業界の方からも「直ちに絶版し玉へ」と忠告されたというので、世間にも広く知られたようだが、具体的な推移は不明である。小林は罰金の支払いをし、後は自主回収ということで、その後の事件は沙汰やみになって一件落着となったのであろうか。もっとも、これは再版するための、小林の虚構による口実かもしれない。

さらに問題を取り上げると、日記において「再読して見るとその風俗壊乱と目せられた部分は落欠になつてゐるから現在記憶はないが」としており、確かに現存する初版には不穏当な表現は存在しない。ただ、読み直してみると問題の個所は「落欠になつてゐる」というのは、内務省の命による逓信省の発売前の検閲によって告発され、小林は該当部分を削除し、申請し直して出版したのが大正五年の初版というのであろうか。真相は後者あたりだろうが、小林はこれについてあまり多く語ることをしない。記憶によると、問題となったのは二、三行くらいで、乳房を「紅梅の蕾」のようだと表現していたところだったという。ただこれ以上複雑になるため簡略に述べるが、実は「上方是非録」第六十五話「自然主義」で、主人公の「僕」が小田の家を訪れると、古簾を通して目に入るのは座敷の裸の老婦人が腰巻をして肩には濡れ手拭いをした姿、「隣に座ってうつ向いて新聞の小説を読んで居る廿歳余の婦人は、流石《さすが》に裸体《はだか》ではない、只だ両肩をぬいで肉付のい、桃色の肌と、プクツと高い紅梅の乳房に、恋物語の未来記を召して、束髪の後毛《おくれげ》を乱して余念なき横顔が、一寸《ちょっと》美しい」とする表現を見いだす。まさに同工異曲といってよく、これなどが後の『曾根崎艶話』に再利用されたのであろう。このような関連から見ても、「上方是非録」は『曾根崎艶話』の習作的な作品で、これを契機にしてより芸妓の姿に焦点を当てた作品に成長したのだろうと思う。

さらに論点を複雑にするようだが、小林一三の未発表の自筆原稿が存し、冒頭には「曾根崎艶話 箕有山人」とし、見出しの題目は「泣いた後に」とある。書いては抹消し、行間に書き入れるなど推敲もおびただしく、作品は中断したように途切れたままになっている。四百字詰原稿用紙に換算するとおよそ十八、九枚といったところで、現存するのは三節からなり、書き出しはいずれも「懐かしい駒子さま」から始まる。きぬ子という芸妓、客の持っていた雑誌の「新家庭」を何気なく手にしていて、口絵に駒子の嫁入り前の美しい着物姿を目にして驚愕する。きぬ子は北新町の茶屋の一人娘、母から実の父親は大臣を三度も四度も任に当たった伯爵の山本さん、大阪での客と聞く。十五の春その伯爵に預けられ、東京では駒子と親しい友人となる。駒子に聞かれると、大阪での住所は叔父の家にして北新町と知られないようにし、東京も親戚の宅と嘘をついていた。きぬ子は、その後どのような事情があったのか、山本に騙されたようで、母の家に戻って十八からの芸妓稼業、すでに二十歳になったという。駒子は東京女学館を卒業すると、紳士の大川と結婚することになったようで、その写真が雑誌の口絵を飾っているのだ。駒子が結婚して住むという昔の黒い門を持つ大名屋敷の家は実は山本伯爵邸、しかも結婚する相手は、と謎めいた書き方をして途切れ、内容は急に別の話題となり、しかも中断してしまう。

きぬ子は、これまで重ねて来た嘘を打ち明けようと、駒子に手紙をしたためる。この作品そのものが、駒子への告白状になっているのだが、その後出したのか、どのような扱いになったのかは不明である。きぬ子は、自分の堕落した運命を悲しみ、同じ雑誌を買って駒子の姿をいくども自分の屋形で見ながら、泣きに泣くという展開で、かなり興味深い内容ながら未完になってしまった。筆者を「箕有山人」とするのは、明治四十一年の「上方是非録」と同じで、大正五年の『曾根崎艶話』では「急山人」とし、再版の昭和二十三年は「小林一三」とする。すると、『曾根崎艶話』は明治末年か大正初年には書き始め、想の整わないまま手放してしまい、あらためて「襟替」「イ菱大尽」「梅奴」の三部にして出版したとも考えられる。戦後になっての再版に際して「紅梅の蕾」と同じく増補しかけた一部と考えられなくもないが、そうだと「箕有山人」とする必要はなかったのではないか。

ただ、駒子が口絵写真に掲載されていたという「新家庭」(玄文社)の創刊は大正五年四月号から、終刊したのは大正十二年、当時の有名な作家の小説が並び、鏑木清方の口絵やグラビアの写真でも人気を博したという。それと東京女学館は明治十九年に伊藤博文や渋沢栄一などが、知性豊かで気品のある女子教育を目指して創立した学校であった。とりわけ「新家庭」が実在の雑誌を念頭にしていたとすると、『曾根崎艶話』の初版は大正五年一月一日刊なので、これでは間に合わなくなってくるため、一度世に出た後、稿を改めようと手がけていたとも思量することができる。ともかく、小林には関心のあるテーマとして、さまざまな試みをしていたのは確かなようである。

料亭での食事や宴会となると、どのような地方であっても芸妓は不可欠な存在であった。小林も銀行に就職して以来、そのような席には必然的に顔を出しており、「午後五時ヨリ金城館ニ於テ三重紡績会社ノ宴会ニ招待サル　中々ノ盛会、芸妓ハ不相替ノ顔触レナレドモ、仲子、大和、小染の『文荷ひ』ハ面白ク見タリ」（明治三十一年一月二十八日）などとする記述はいくらも見いだす。「文荷ひ」は狂言の演目、このような座敷芸は芸妓の得意とするところで、浄瑠璃なども語られ、その声色は客との共通の座興でもあった。「上方是非録」ではこのような浄瑠璃の知識が次々と引用されるのも、通人の常識であったことを証している。また時には、銀行の調査係として九州に赴き、長崎から下関まで戻ってきて宿泊した夜のこと、

独りで宿屋に居ルモ感心シナイ所へ、大和君と殿木君が来タカラ誘ひ出シテ裏町ノ長十ニ遊ブ大坂ノお茶屋と少シモ変ラナイ中々便利なよいところだ。「小みき」といふ芸妓が一寸気に入つた。鳥居坂のお手つきだとか、面白い話が在る。此家の抱芸者の智恵子の話は一生忘れることが出来ない、今に屹度小説にでも書こう（明治三十九年二月十一日）

と芸妓の話を聞き、興味深く思ったのか、いずれは小説にしたいとまで考える。

大阪では北浜の小塚君と出会い、「午後三時発にて梅田を出発、五時大津に着。高山君を訪ねた、夜、芝居町の小島屋に遊ぶ　愛の助といふ十七になる可愛い丸顔過ぎる女が在る、これが三井物産に居つた松尾さんの奥さんの実子だそうだ、どこへ行つても小説的の事ばかりだ（明治三十九年二月十六日）」と不思議な出会いもあり、これらの体験話がやがて「上方是非録」となり『曾根崎艶話』へと作品化されてもいったのであろう。

そのほか芸妓論は『逸翁自叙伝』の「その頃の大阪」に具体的に回想されるし、『私の行き方』には「私の描く未来の大阪花街」論を書き、「演舞場を南地組合の管理のもとに、五花街中心の娯楽場として民衆享楽の殿堂として開放したい」などと、花街のこれからのありようも述べる。その大阪の文化としての花街が、戦争という惨劇によって焦土と化し、失われていくことに小林は哀惜の念から、風俗史として書きまとめておかなければならないと信じ、世に公刊することは責務のような思いもあり、戦後版も出すにいたったのであろう。またこの作品では「鴈治郎と大阪歌舞伎」の節もあり、その役者としての偉大さを称えてもいる。

七　文化人との交流

1　現代画鼎会の人々

日記の明治三十九年一月二十一日の条に、

永田君の所で十一時半頃迄話し、それからメトロポールホテルにゆく。渡辺君の送別会が在つたから。

二時頃ホテルを出て浜町の岡田にゆく、鼎会の発会が在るからだ。鼎会は華邨《かそん》、玉堂、広業の為めに出来た会で会員は十二人で在る。会費十五円外に晩餐費三円、先生の画が抽籤で当る。丁度僕には玉堂の春景山水が当つた。籤運がわるい、席画の余興が在つた。

僕と岡本君とで頼んで置いた唐紙全紙（二枚折に仕立る積りだ）の花鳥及動物が出来て居つた。矢張華邨先生は中々うまいものだ、中沢君にたのんだのだが、うまく出來てうれしい。

と、鼎会《かなえかい》の発足について詳細な情報を書き留める。初めの部分は直接関係ないのだが、人名だけを示しておくと、「永田君」は永田準之助、「渡辺君」は直前に「渡辺信之介君が小野浜倉庫次席になつた」（二月十八日）とする人物で、神戸の三井小野浜倉庫に赴任する送別会が催されたのだという。ホテルを出て浜町の岡田という料亭であろうか、鼎会の発会式に出席する。これは河合玉堂、鈴木華邨、寺崎広業の画業を助ける組織のようで、会員は十二人、会費は十五円のほか毎回晩餐会が催されたようで、その費用は三円とする。この当時の物価と現代との比較はむつかしいのだが、参考として示すと明治三十九年に発売された煙草のゴールデンバットは十本入りが四銭、明治四十年の公務員の初任給は十四円だったというので、それなりの会費や晩餐会であった。小林はこの年三十三歳、失敗に帰するのだが、新設の証券会社設立の支配人になるつもりで三井銀行を退職する一年前のことである。

鼎会は十二人の会員が支え、三人の画家が四枚ずつであろうか新作を持参し、それを籤によって引き当てるという、いわば新進から中堅の画家たちを支援するパトロン的な存在であった。この日小林は「籤運がわるい」とするのだが、玉堂の「春景山水」を手にすることになる。「岡本君」とするのは、後に大阪支店に赴任する同僚で、同じ会員だったのであろう、華邨に二人で「花鳥及び動物」を依頼していてその出来ばえに満足するとともに、表装の中沢環の巧みさも気に入るものだった。

鈴木華邨（現代画人帖）

翌二十日に、「岡本君が銀行の帰りに来られた、夕飯を共にした、岡本君に華邨先生の唐紙二枚画を籤でお渡しした、花鳥が岡本君に当り動物が僕に当つた。いづれにしても上出来じや。何れ二枚折の屏風を誂へよう」と、個人的にも依頼して作品を入手することもあった。

向島の植半で鼎会の第二回が在つた。広業、玉堂、華邨の三先生共に丁寧な画で在つた。自分は華邨先生の鶴が当つた。半折を三枚許り席書をして貰つた。華邨は中々ウマシ、近キ将来に於テ彼ハ群をぬくに違ない。

鼎会も会員が毎月貯金をして会の基本金をこしらへ、それから三先生を中心として大に発展する筈で、相談が一決した。追つて公正証書にして契約する積りで在る。（同年三月二十五日）

鼎会は二、三か月に一度のペースで開催していたのか、その間毎月会費を集め、その資金をもとにして三人の画家たちにはすぐれた作品の制作にあたってもらおうとの計画であった。ただ堅実に組織を運営していたわけでもないようで、

葉桜会といふ名を以て鼎会の舟遊会が在る。日本橋の浜町河岸から船二隻で芸者、噺方、幇間を引連れ中々盛なものだ。華邨、広業、玉堂の画伯と会員が七、八名、其他取巻が十五、六名向島に行く。奥の植半の側で休む。風雨になりそうだから自分は其所から帰つた。こんな風に派手な馬鹿気たことをしては此会の前途発展は六ヶ敷い。真面目にしなくては困る。（同年四月二十二日）

と、会費を浪費するような所業に小林は反省の思いでもあった。その後も不定期ながら継続してい

ったようで、「お幸と共に、それから品川の洲崎館にゆく。涼風のもとで昼飯、お幸はかへる。鼎会の例会が同館にある。玉堂の山水があたる。夜九時帰宅」（同年七月二十二日）などと見ることができる。

もっとも小林はこれとは別に、次のような画家との交流は早くから重ねられ、また購入することによって多くの現代画人の作品を収集もしていた。これら画人との交流を知るため、明治期の日記からそれを示す記事を簡略に記しておこう。

1　日本橋の常盤木倶楽部に寺崎広業門下の美術研究会が在つたから見に行つた。よせばよいのに見ると遂ひ買ひたくなつて広業の夕暮と牧笛と二幅外四点買つた。（明治三十五年二月四日）

2　銀行の帰途生秀館に立寄つた。玉田の月下桜花の図を購求した。（同二月十五日）

3　朝、生秀館から玉章、玉田等合作の額をもつて来た。余り高くはない積りだ。が然し成るべ

寺崎広業「夕暮と牧笛」

く如此ものは買はぬがよかろう。（同二月十六日）

4 銀行の帰りに真也さんの店へ行つた。文挙の山水を買つた。（同二月二十一日）

5 直く近所へ経師屋を見付たから表具を三幅するやうに依頼した。上手か下手かまだ分らない。此人が月畊と心やすいとかゆへ二枚五寸を依頼した。画料が拾五円。先づ普通の値だらう。（同二月二十三日）

6 玉章翁還暦祝ノ為メ翁の画が美術協会ニ陳列セラレテ在つたが随分沢山なものだ。此翁当代の大家タルニ相違ナイガ何分思想が古い、何レモ千篇一律の旧態を免レナイノハ残念だ。……夜、鏑木清方画伯（？）を訪フテ一枚注文した。（同三月五日）

7 銀行の帰に真也サンの処へ寄つたら玉田の月下松花の表具が出来て居たから持帰つた。中々美しく立派になつた。（同三月十八日）

8 両国の伊勢平に永濯の十三回忌が在つたから出席した。金鳳、文挙、広業、蕉窓の菖蒲に亀と外二枚を画いてもらうた。（同三月二十三日）

9 朝、常盤木クラブに烏合会の画を見に行つた。清方連は兎ニ角着想が面白い。古洞の露伴の二日物語、清方の紅葉の金色夜叉なぞは一寸上出來だ。（同四月三日）

10 早朝伊勢平の鷗盟会春季大会へ行つた。中々盛会だ。百年の山水頗ル拙画の籤を引いた。席画は華邨と月畊と外山、四枚書いて貰ふたが中々好く出來た。（同四月二十日）

11 生秀館の国さんから華邨の「月にほとゞぎす」を買つた。直ぐに表具屋へやつた。（同五月

七日）

12 帰途、清水信夫氏ヲ訪フ、依頼の広業、観山等の画を受取ル、六枚、（同十一月四日）

13 玉章の山水春秋小蘋の額、牡丹に蘭出來上ル、中々ウマイ。（同十一月十三日）

14 夜、関口へ行く。華邨の梅に鶯十円とは高いものだ〳〵。（同十一月二十二日）

15 清方君宅に寄る。清方、輝方君等来る。少年画家の中ではなかなか有望の可愛らしい連中だ。（明治三十六年一月十二日）

16 六時帰宅、夕飯後清方君を訪ふ。進物用にする紙雛を短冊へ書いて貰ふ為メ。（同二月二十五日）

17 帰途花川戸の清水信夫さんを尋ねた。鷗盟会のくじ画を貰ふた。華邨の猪で雑つとしたものだ。二十五日に華邨さんの画会があるとの事。（同三月二十一日）

18 伊勢平に鈴木華邨画伯の揮毫予約会があつたから行つて見た。五尺寸で十五円だ。余り安くない。自分は菊花の下のチンを注文した。（同三月二十五日）

19 田辺七六君から玉章画ノ注文絹代二十五円送つて来た。（同六月二十五日）

20 田辺七六氏カラ玉章注文画代八十円送つて来た。（同六月三十日）

21 華邨花鳥一幅買フ、二十円、（同七月五日）

22 鏑木清方君ヲ訪フ。（同十一月九日）

23 田辺氏注文ノ玉章大幅出來上リ居レリ。中々上出來。（同十一月二十八日）

鈴木華邨「菜の花に狗児」

24　夜、松田亀七さんが来た。不相変欲の深い男だが憎気がない。本月中に一度華邨先生画会でも開こうといふ話だ。（明治三十九年一月八日）

25　華邨の画が出来てきた。「梅に鶏」中々能く出来た。（同一月十一日）

26　高山君から華邨の四季花鳥を頼まれたから夜、華邨先生のお宅へ行く。不在。奥さんに遇つて御依頼した。十五円づゝで六十円、安いやうで中々高いものだ。（同一月十五日）

27　松田さんの所に華邨の画会が在つた。会費が七円、岡本君と二人で行く。岡本君は雪中の鴉、僕は菜の花に狗児、一寸軽妙に出来た。（同一月二十四日）

28　留守中に出来て居つた華邨の「桜に雉子」どうも出来がわるい、桜が余り平たい。もつとこんもりと咲いた所がほしい。（同二月十九日）

29　帰途、今成に華邨の二枚折の屏風を注文した。今成は値段は安いけれどヅボラで手間がとれて困る。（同二月二十一日）

30 帰途、生秀館に寄る。横沢君にたのまれたぼたんを買ひに玉章の富士の幅を十三円五十銭で買つた。（同二月二十八日）

31 朝、華邨先生のお宅を訪ねた。不相変御留守だ。紙本の十二ヶ月が出来て居つたからもらふて来た。六月十一月が出来がわるいから書直して貰ふつもりだ。（同三月一日）

32 朝、華邨先生をお訪ねした。菊本君の注文の冬夏の花鳥をお頼みした。（同四月十二日）

33 今夜浜町の金龍亭に華邨先生を招待して居るので出掛けた。五十円のお礼で八枚書ひて貰つた。席書だけれども中々軽妙にうまく出来た。此中大部分は京大阪の友人に分配する積りだ。（同五月二十三日）

34 襟万で半襟を買つて、中沢君や華邨先生の小初ちやんや其外の芸者に、先達金龍亭で遭つた連中にお約束通り送つてやつた。（同五月二十五日）

35 朝、鈴木華邨先生を鼎会事務所に訪ふ。昼飯を御馳走になる。唐紙半折三枚書ひて貰つた。（同六月十日）

36 飯島君に華邨の狗児と広業合作の五月掛の二幅を差上げて、甫尺、三升、樗良の中のどれかと交換する筈だ。（同六月二十四日）

37 帰途、華邨先生をお訪ねしたところ、横浜の宮地正太郎君と福井楼にゆく約束があるとの事、自分も宮地君と二人で先生をお招きする事にして福井楼にゆく。（同七月四日）

38 帰途、生秀館にゆく。玉章と柳塢《りゆう う》を買つた。しかし高いものだ。（同七月十二日）

39 華邨先生を訪ふ。田中君に進上する額面を二枚願ふ。十円の謝礼。（同七月二十五日）
40 朝、鼎会事務所にゆく。華邨の額二面出来て居たのを受け取りに、（同七月二十六日）
41 田中君に華邨の額面を進上した。（同七月二十七日）
42 夜、華邨先生をお訪ねいたさむと電車にて出掛ける。（同九月十八日）
43 夜、華邨先生を訪ふ。みゝづくの画を書てもらつた。（同九月二十一日）
44 鈴木華邨先生を訪ふ、十一時帰宅。（同九月二十九日）
45 夜、鼎会事務所に華邨先生を訪ふ、十一時帰宅。（同十月六日）
46 夜、華邨先生を訪ふ、九時帰宅、（同十月二十五日）
47 朝、華邨先生を訪ふ。紙本を六枚許《ばか》り書て貰つた。二枚折四枚書いたが二枚はどうもまづい。書直して貰ふことにしやう。（同十月二十七日）
48 六時頃高山君同道して帰宅、華邨の幅と俳幅を沢山、ウンザリする程見せた。十一時頃高山君帰る。（同十一月十八日）
49 華邨氏を訪ひ画を拾弐枚持つて来た、一寸ウマイのが在る。（同十二月二日）
50 生秀館に注文した玉章の金屏風山水が出来上つたから、酒井君にお礼として送つた。午後華邨先生を訪ふ。（同十二月三十日）

まだ数多く拾い出せるとはいえ、煩雑になるため省きもしたが、これらの記述によって自ら美術展に足を運んで鑑賞し、個人的な交流のもとに作品の依頼をするとか、人から求められて斡旋もするなど、画人たちとの親密さぶりを知ることができる。明治期の美術愛好家でコレクターと、新進画家との交流を知る貴重な資料と思って引用した次第である。

鼎会の人達だけではなく、尾形月耕、村瀬玉田、望月金鳳、野村文挙、三島蕉窓、鈴木百年といった人々、若い時から美人画を描き続けた鏑木清方、とりわけ鈴木華邨との関係の深さをあらためて認識する。ことに華邨の作品は好みでもあったようで、早くその画業を高く評価した一人であり、そのコレクションは48に述べるように、「ウンザリ」するほど所蔵していたという。

その後絵画の収集が蕪村や松村呉春といった近世の俳人たちへと向かったのは、俳句への関心の高さにもよるのであろう、自ら資料を渉猟して「俳人蕪村」の原稿を書き、絵巻の研究にも熱心であった。明治期に夢中になり、その作品を称賛した華邨や広業などの作品は、一部ながら今も逸翁美術館の貴重な所蔵品として展示に花を添える存在となっている。

なお、小林一三の『雅俗三昧』では新画に関心を持つようになったのは明治三十四年とし、銀座の書画舗の生秀館会員として通うようになり、運営にも多少なりとも関与するようになったという。鼎会にも言及し、十五人の会員の集まり、三人の画家が毎月五枚ずつの尺五絹本を描いて籤引きにしたとするが、当時の日記の記述と異なるのは会員数くらいであろう。その後、小林自身は俳諧の蕪村、呉春に向かい、新画を処分する

鏑木清方ハガキ（小林一三宛）

にいたったとするが、現在もそれなりに明治期に蒐集した資料は存在するにいたっている。

2 尾崎紅葉と田山花袋の原稿『笛吹川』

小林一三がもっとも影響を受けた作家は尾崎紅葉であり、その雅俗折衷の流麗な文体には多くの人々とともに魅せられ、作家になるための指標的な存在でもあった。明治三十一年二月十三日には、発売されたばかりの「文芸倶楽部」第二号、翌日には「新小説」第二号を購入しており、文芸への関心は高く、これらに掲載される小説は勿論、時事問題、古典の解釈、和歌や俳句などの詩文など読み耽ったことであろう。紅葉については、「紅葉著　金色夜叉第三編ヲ買フ」（明治三十三年一月十一日）、「古洞の露伴の二日物語、清方の紅葉の金色夜叉なぞは一寸上出來だ」（明治三十五年四月三日）などと『金色夜叉』の鏑木清方の挿絵のすばらしさを称えてもいる。なお、幸田露伴の『二日物語』は右の「文芸倶楽部」第二号に掲載され、挿絵は浮世絵師の古洞が担当する。

明治三十九年三月二日には、

舟尾君は金をもうけたそうだが中々趣味がある点がうれしい、多年来、西鶴本、近松本を集めて居るそうだ。大分拝見した。紅葉山人の原稿、笛吹川の或部分を持つて居られたから半分貰ふて来た。自分等の連中には兎角無趣味の連中ばかりで閉口だ。同君の如きは中々話せるから嬉しい。

とあり、舟尾から紅葉の『笛吹川』の原稿を半分もらったとする。舟尾については、「呉服店ニ舟尾君ヲ訪フ。同道銀座ヲ散歩ス。牛肉屋ニテ夕飯、根岸ニ一泊ス」（明治三十三年十一月二日）、「大坂会とでも名付くべきカ、高山君が支店長会議で上京中を幸ひに酒井静雄、細谷勝、長谷川幸作、舟尾栄太郎、浅海金六君と高山君と自分と都合七人夕飯を松金楼で食べることにして五時ころから集つた。旧談懐昔中々面白かつた」（同三十五年一月二十三日）、「舟尾君が来た。帰りハ一緒デ僕の宅へ来た。舟尾君に画を二枚進上した」（同三十六年六月十四日）などと、これ以外にもしばしばその名を記す舟尾栄太郎であろう。大阪支店でのかつての同僚で、現在は退職して銀座で呉服店を経営し、絵を譲渡するほどの親しい仲間であったものと思われる。その舟尾から『笛吹川』の原稿を半分もらったのだという。

『笛吹川』は明治二十八年五月一日から七月十七日までの六十八回にわたり「読売新聞」に「なにがし　紅葉山人」の合作として発表された翻訳小説で、同年十二月には春陽堂から単行本として出版される。書き出しにも無名の「なにがし」と「紅葉山人」の二人が連記されるものの、刊記には「著者　尾崎紅葉」とする。ただ文学史として明らかにされているのは、田山花袋の翻訳で、原作はラ・ポイント『競争医師』とする点である。田山花袋は明治四年生まれなので、小林一三より二歳の年上、明治二十四年に尾崎紅葉の門に入っての修業、その年に私小説「瓜畑」でデビューする。『笛吹川』は田山花袋が翻訳して師に見せ、紅葉はそれに手を入れて発表したのだろうが、まだ花袋は名の知られていない存在だっただけに、「なにがし」としたのであろう。

初版本には端書があり、

此本作者をなにかし紅葉山人と並べたるからは、二人の合作に疑あるべからず。紅葉山人は人も知れり、さて「なにかし」は誰ならむ、誰にても、隠すものならば強ひては問はぬがよし。名で読む本ならねば、世の知らぬ人の書きたりとも、うまきはうまきに相違あるまじく、うまいならば其に本の用は足れり。或人の曰く、紅葉のなにがしは、孔明の藁人形なり、恐らくは矢種の尽きたる故の遺繰ならむと、世間は広ければ、色々とおもしろ事言ふ人多し。本人は香を焚き、琴を弾じてゐるのじやと言へり。山は動かず、水は流る、おのがまゝの世の中、作者は書きたいこと書いて上手がれば、看官は見たいもの見て好きな事言ふぞ。はて何方が何方やら。

横町の老友　三侠一素

と、早くから作者の「なにがし」について話題になっていたようである。中国には「三侠五義」という明裁判官がいたというのだが、いずれにしても編者の筆名か、紅葉自身の戯れなのかもしれない。「孔明の藁人形」は、赤壁の戦いにおいて、諸葛孔明の策により藁人形を曹操の陣に近づけて矢を射かけさせ、やすやすと不足の矢を入手した故事を意味しているのであろう。紅葉はおとりとしての「なにがし」を用いたにすぎなく、作品がよろしければ作者は問う必要はないとする。

実は、明治三十九年に小林が入手した『笛吹川』の原稿が当時の姿で残されている。四百字詰めの原稿用紙、それを半折し、序文と跋文を付して冊子にしており、表紙は緞子、左肩に「もみちのにしき」と題簽を付す。この名は「このたびは幣《ぬさ》も取りあへず手向山《たむけやま》紅葉の錦神のまにまに」とする『古今集』や『百人一首』の菅原道真の歌に由来しており、そこから尾崎紅葉の錦のような文章を収めた原稿という意味で用いたのであろう。紅葉は明治三十六年十月三十日に三十五歳で亡くなっているため、小林が原稿を入手したのは没後のこと、冊子に仕立てるにあたって自ら書名を付したのではないかと思うのだが、確証はない。

注目すべきは、紅葉の原稿を入手した小林一三はたんに製本して保存するだけではなく、由緒正しい来歴を示すために関係者に序文や跋文を求めて一書にしたことである。冒頭には、

序

小林一三君は牙籌《がちゅう》を取らるゝ身にも似ずひたぶる文学を愛好されいづくよりか紅葉山人の遺稿「笛吹川」を探り来り一巻の書に仕立て珍襲措かず予が山人と親交ありしの故もて巻頭に序詞を徴せらるること急なり山人の文を作る即片言隻句だも忽にせず彫琢推敲夜を日につぎ寝食をだに忘れ果てにしこと予の親しく目睹せしところかばかりの熱心ありてこそはじめて天下の名文を得られしならむこの遺稿をみるもその苦心の跡歴々として懐旧の情かれ筆戦き墨のにじみ行くを覚申山人の没後山人の執着もて紙に対ふ人果して幾人かある山人の前に山人なく山人の後また山人なきか後の文を作るもの此遺稿を見て山人が惨憺たる苦心の跡を偲はゞ豈啻に小林君伝家の宝とのみ謂はんや

思案分見謹識

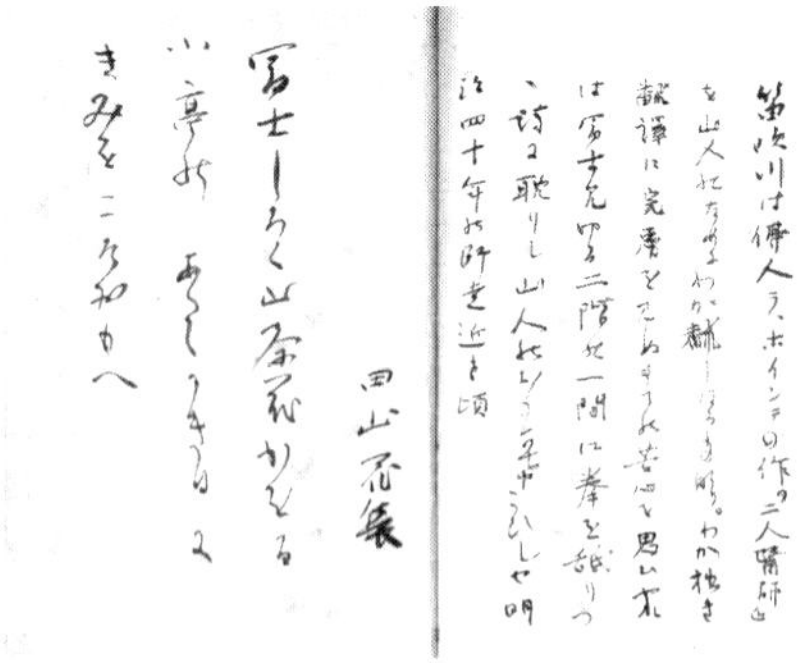

『笛吹川』田山花袋識語

と「序」を付しているのは石橋思案（一八六七〜一九二七）、尾崎紅葉、山田美妙等と硯友社を創設して「我楽多文庫」発行、自らも作品を発表するとともに、明治三十六年には博文館に入社して「文芸倶楽部」の編集をするなど、当時の文学界をリードした一人であった。このような関係からすると、もっとも紅葉と親しい仲であるだけに、小林ともよしみを通じていたのか、『笛吹川』の原稿を入手したことを話して一文を草するよう求めたようである。思案は、小林が「牙籌」とするようにそろばんを手にする銀行に勤めながら文学に傾倒した姿に心動かされ、紅葉の文章への真摯な姿について熱弁を揮ったという経緯である。「小林君伝家の宝とのみ謂はんや」とまでし、原稿の存在を高く評価する。

さらに巻末には、「ちり紅葉やらじと蜘蛛の舞はしけるかな」とやや筆太によって散らし書きの句、紅葉の原稿が紛失しないようにと、蜘蛛が糸でからめ取って残されたというのであろう。丁を隔てた跋文の筆写の句であろうか。そこには、

笛吹川は仏人ラ・ホインテの作『二人医師』を山人のために、わが翻したるものなり。わが拙き翻訳に完膚を見ぬまでに苦心を思ひやれば、富士見ゆる二階の一間に挙を舐りつゝ、詩に耽り

し山人のおもかげこひしや。
明治四十年の師走近き頃

田山花袋

富士しろく山茶花かをる小亭のあたゝかき日にきみをこそおもへ

と記すのは、まさに田山花袋の筆跡そのものである。『笛吹川』はかつて師の紅葉山人のために自分が翻訳したものだが、徹底して文章には手を入れられたと告白する。今ではその姿が懐かしく思い出されるとし、紅葉への思慕の情を歌に託す。

明治二十六年に小林一三が「上毛新聞」に時代小説の「お花団子」を連載したことがあり、同時に現代小説を担当したのが田山花袋だった。すると二人は旧知の間柄であったはずで、『笛吹川』の原稿を入手して後、そのもと原稿を書き、新聞では「なにがし」とされていたのは田山花袋であると知ったのであろう。小林にとっては敬愛する紅葉山人の原稿だけにきちんと保存したい考え、表具師に求めて装丁して冊子にするとともに、その謂われを記録するため石橋思案に序文を依頼し、田山花袋にも事情を話して跋文を書いてもらったという経緯が想定できる。それと小林がこの作品に異常なほど執心したのは、『笛吹川』の書き出しからして「甲府勝沼間の乗合馬車は今しも栗原駅を過ぎて云々」と故郷の甲州が舞台になり、親しみのある笛吹川が出て来ることも大きな要因ではあったろう。少年時代に成器舎に在塾していたころ、笛吹川で泳いだこともあったほどである。

ここで作品の詳細については避けるが、「読売新聞」に連載されたのは六十八回分、出版では六

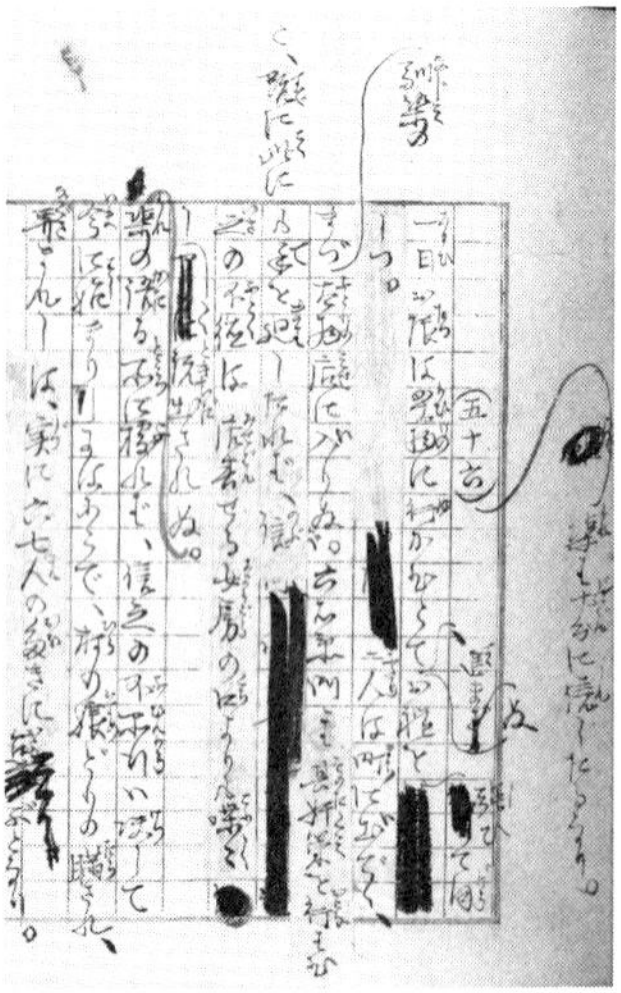

『笛吹川』原稿

十一回の「こは渡先生《わたり》の車なり」とする章で終わる。原作はフランスの作品ながら、舞台も変え、主人公の名も信之とするなどすべて日本物に翻案し、花袋の原稿に紅葉が容赦なく斧正の手を加え、章の見出しもすべて紅葉の案と思われる。このような現状からすると、当時まだ名の知られていない花袋が「なにがし」とされても仕方がなかったかもしれない。それと原稿では第五十六回「渠《かれ》は十分に信じたるなり」から第六十五回まで、この回の見出しはなく、単行本に「親戚会議といふは？」とする。それと大きな違いは、原稿の第五十六回は単行本では第四十九回とし、以下すべて章段数を異にする、原稿の六十五回は単行本の五十八回、残りは三回で終了となるため、内容の齟齬はない。原稿は末尾の三回分を欠いているが、これがそのまま新聞原稿の六十八回分として用いられたのであろう。小林は紅葉との出会いはなかったかも知れないが、弟子の花袋とは新聞小説の時代物と現代物で分担し、山人の原稿を入手してつながりを持つなど、不思議な縁を持っていたものだと思う。なお、小林一三が「山人」の号を用いるのは、早くから文学の師と私淑する紅葉への敬愛に由来すると考えている。

3　俳人伊藤松宇と三好風人の俳画帖

小林は少年のころから関心を持っていた俳句とともに、東京に出て以降は歌舞伎などの芝居や美術にも広がり、小説を書くほか同人誌には劇評まで発表するといったありさまで、その才気の広がりはとどまるところがない。銀行に勤めるようになっても、どのように時間を作っていたのかと不思議に思うほど友人と頻繁に往来し、美術展を見に出かけ、読書も熱心であった。また、銀行では俳句の同好会を作り、その同人誌であろうか、「銀行ニテ、俳諧よせ鍋第一巻野雲記なる」（明治三十一年一月十二日）と、「俳諧よせ鍋」（「野雲記」）を編集するほどであった。『世界文明史』（同一月二十四日）、「帝国文学到着（第一号）、岩井松風軒長恨歌評釈、久保尺随著漢詩評釈、漢文評釈ヲ求ム」（同一月二十二日）などと購入して読み耽るといったありさまながら、一方ではしばしば撞球に興じるなどの遊びも怠らない。とりわけ俳書を手に入れ、友人とは俳論を論じ、句幅も入手していく。「阿部君から其角、嵐雪の句の幅をもらうたから松宇先生に見てもらつたら、にせものだというた、そこで阿部君にかへした。あした蓼太の手紙をもらふはずだ」（明治三十五年二月五日）と、其角と嵐雪の俳幅は偽書と判明したので阿部に返却、別に大島蓼太の書状をもらうことになっているという。そのほかにも、俳諧関係の記事を多く見いだす。

このような中で、もっとも親しく交流を続けたのは、右にも出てくる伊藤松宇で、俳諧について多くの知識も得ることになる。松宇は幕末の安政六年信濃生まれ、上京して渋沢栄一に認められ第一国立銀行横浜支店の調査係の勤務をする傍ら俳人としても名をなし、子規や内藤鳴雪とも親しく、さらに尾崎紅葉などとは俳句の仲間でもあった。とりわけ江戸期の俳書収集は一大コレクションといってもよく、今日では「松宇文庫」として知られる。同じ銀行勤務ということで、小林とも話が合ったのであろう、「大森の伊勢源で同業者の例会がある。出席した。大分面白い話が在つた。幹事の尽力で一泊すべき筈のもので在つたが大概帰京、余り幹事に気の毒じやから自分は泊る事にした。同勢八人、松宇先生と同室、布団が薄くて寝られないには閉口した」（明治三十六年一月二十四日）と会合でも顔を合わせ、同じ部屋で泊まることもあった。このような折などは、俳句や俳書の話で夢中にもなったことであろう。ほかにもいくつか示すと、

1　夜、伊藤松宇氏を訪ふ。所蔵の俳諧幅を拝見した。中々種々珍しいものを御所有だ。（明治三十九年一月二十三日）

2　生秀館に寄る。伊藤松宇先生のお世話で大賀川君から其角、嵐雪の双幅（色紙短冊）を二十円で買ふことにした。安いやうな高いものだ、けれど欲しい。（同二月二十一日）

3　朝、伊藤松宇先生が来られた。竹芝館に其角二百回忌が在つて僕に其角の色紙を出品せよとのことゆへ出品した。（同二月二十五日）

4　夜、伊藤松宇君宅に遊びに行く。種々俳幅を見せて貰つた。混々として尽きずといふ位沢山在る。中々面白い。十一時帰宅した。（同三月二十三日）

5　同所（日本倶楽部）にて川端虎太郎、松宇、大賀川の三君に遭ふ。それから浜町の何とかい

ふ小意気な鳥屋で飯を食つて大賀川氏と松宇氏のお宅に行く。例の如く俳幅ものを沢山見た。月渓、三千風をよく集めるから不思議だ。（同六月十六日）

などとあり、その所蔵する俳幅は限りがないほどだとし、気に入ったものは購入することもあったのであろう。ここに記される大賀川は愛宕町に住む俳幅や絵のコレクターで、絵画も収集していた。それと注目されるのは、松宇のもとで「月渓」の俳幅を見ていることで、後年に小林は蕪村とともに、池田に住んだ弟子の松村月渓（呉春）の作品を収集するようになる契機がここにあったのかも知れない。

伊藤松宇とのかかわりは、今日の小林一三の評伝類にはまったく触れられず、なおさら俳句を嗜み、深い交流のあったことなどもほとんど知られていない。実は『松宇句集』（大正十五年、友田泰信堂）の巻末には自分の経歴とともに、小林との親しい間柄について記述しているため、これまで利用されてこなかっただけに少し長めに引用しておく。なお松宇は渋沢倉庫を辞任し、美術展の生秀館の理事となり、そこで川端玉章とも知り合うようになる。小林が生秀館にしげしげ足を通わせたのは、美術作品の鑑賞や購入をはかるとともに、松宇と会う目的もあったのであろう。

大阪の小林氏と云へば阪神急行電車の専務であると云ふ程関西方面の人は誰れ知らぬものもなき大紳士である。私の同氏と懇意になりし初めは私が渋沢倉庫に在勤の頃からで、此時分氏は三井銀行の深川支店に勤務せられ、銀行や倉庫の関係から折々出遭ひ互ひに数寄な書画の話や俳句の事で能く話しが合ふ所から私の自宅へも度々遊びに来られたが、其内氏は調査課へ転勤せられた。氏が明治卅八年十月六日本店の命により関西各支店の調査を命ぜられ出発して七日の朝大津へ着の日より十月廿七日帰京の日迄蝶左の名の下に廿二日間に一日も欠さず二十四枚程の多くは自分の筆になりし水彩画の画はがきを私の所へ送つて寄来された程の大努力家で、其趣味の上よりしてもかゝる精根を尽さるゝ程の人であるから、其本務たる銀行への報告は勿論他の親友へも通信を怠らなかつた事は推察に余りある事である。……氏の実業方面にかゝる手腕を有するのみならず、書もかけば、画もかく、小説も作ル、脚本も造る、歌も詠み、俳句も捻る、其他茶道活花の如き行くとして可ならざるなき実に恐るべき天才の人である。私が此頃関西漫遊で大阪に滞留し久々で氏の得意な風貌に接し其成功を祝さんと架電したら、直に私の旅宿なる丸共旅館を自動車で訪問されヤウ伊藤さん久々ぶりあつたナアと云はれた時は私も感涙を催した。其時私の机の上に人の需によりて「春雨やあひ〳〵傘に小提灯」と云ふ古き句を認め置きたるに眼を注ぎ、ワシも此頃こんな句を作りたりとて示されけるは、

手習の女美し夜長人　　逸山

古今に絶した名句と云ふほどもないがどこやらに垢ぬけがして居る所が妙である。何でも相手に依て斯くの如くである。

ここには二人の俳句や書画を通じての人と人とのあたたかみが知られ、松宇の口から小林の文芸にかける意欲と才能の姿を活写する。明治三十八年は日記が欠けているため関西出張の確認はできないが、この年の『鶏鳴集』には「仁和寺の木立痩せたり冬の月　可成」があり、この一連の句に、

和事師の女頭巾や冬の月　蝶左

大和路や榾焚《ほだた》く軒のつるし柿　蝶

などはこの折の作品なのであろう。この間に、毎日のように二十四枚ばかりの水彩画と句を松宇に送ってきたというので、その精進ぶりが知られる。なお、『鶏鳴集』には昭和三年の項に、

黙然としてトランプにふける夜美人

手習の女美し夜美人

が収められるものの、松宇の証言からすると大正十四年の作であったはずである。

小林に久しぶりに会って互いに久闊の涙を流したとするのは、大正十四年十月に松宇が近江や大阪城を訪れた折のようで、『松宇句集』を編纂していた時期に相当する。

阪急文化財団には、折本仕立ての外題のない俳画帖が存し、初めに「辛亥春日、雪操居、松宇写」として「松宇」の落款を捺す。「辛亥」は明治四十四年、「雪操居」松宇の号であるため、松宇の作品と知られる。ここには句意にあわせるように墨画の松林、梅花、笹が描かれ、そこに十一句を散らし書きにする。一部を引く

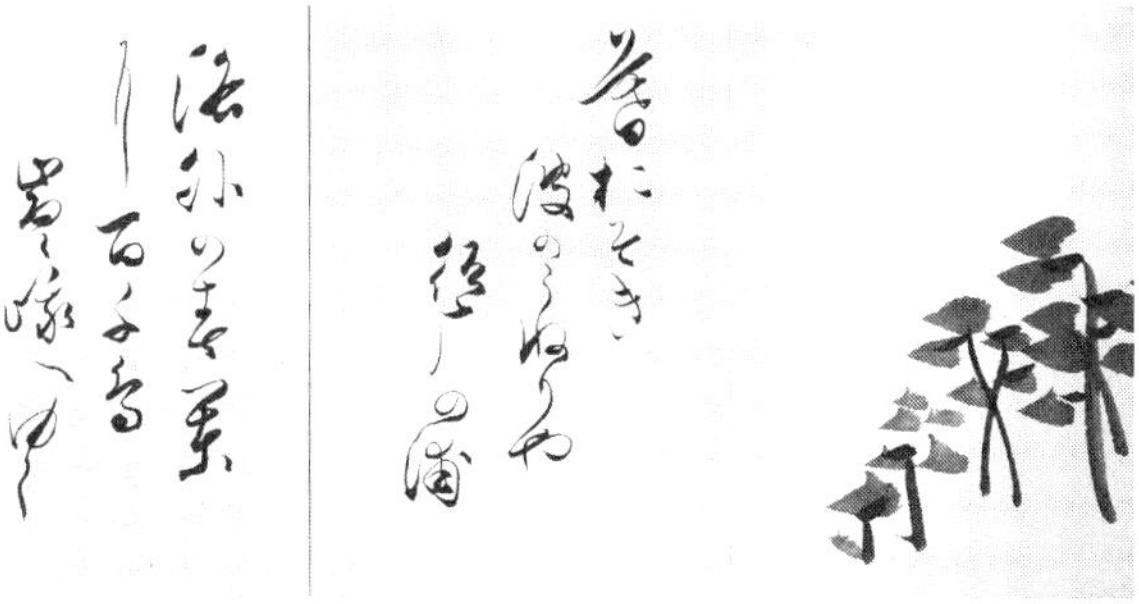

「伊藤松宇俳画帖」

と（括弧内は『松宇句集』による）、

暮おそき波のうねりや須磨の浦（春の部「暮遅」）

洛外の春闌《たけなは》に百千鳥（春の部「百千鳥」）

嵯峨へゆく道問れけり春の暗（春の部「春の暗」）

雪舟に写されて行く帰雁哉（春の部「帰雁」）

とあり、この内の九句までは『松宇句集』と一致する。季節としては春から夏、秋の「むさし野の尾花が末に月ひとつ」までで、松宇はとくに小林一三のために揮毫したのではなく、作成していた句画帖を何かの機会に恵与したのかも知れない。

もう一例「三好風人俳画帖」を紹介しておくと、風人（一八八五〜一九二八）は愛媛県松山の出身、大阪の俳人青木月斗の門に入り、画家として、また俳人として知られる。大正七年以降は大阪の池田在で生涯をその地で過ごしたこともあり、小林一三とも親しくかかわっていたのであろう。題簽に「三好風人俳画帖　逸山人」とする折本、風人の絵に小林一三が句を書き込んで仕立てたようである。ここには風人による草花から田畑の作業、生活風俗にいたる各種の彩色絵が描かれ、そこに小林の筆跡による句があるが、必ずしもすべて絵にふさわしい作品というわけでもない。それに後半になると大半は絵が並ぶだけで空白が多いのは、句作を途中でやめてしまったことによるのであろう。小林の俳句は八句、以下に収載されている作品とその成立年を示す。

幽霊の出るてふ柳春のきぬ（『桐のはかげ』明治四十一年春、『鶏鳴集』昭和二年「大小居印譜」）

うたかたに蝶々とまり流れゆく（『鶏鳴集』昭和二年「大小居印譜」。句末は「長閑さよ」）
佇むやかちわたるべき春の水（『鶏鳴集』昭和二年「大小居印譜」）
永き日や口上うまき象つかひ（『桐のはかげ』明治四十一年春、『未定稿』明治四十年八月十一日）
絵踏して坊もあんよが上手かな（『鶏鳴集』昭和二年「大小居印譜」）
釣鐘を巡つてあぶのなく日哉（『鶏鳴集』明治四十一年）
寝がへるや尻に団扇をしきながら（『未定稿』明治四十年六月二十七日「団扇」）
風鈴にせまる蚊遣の行ゑかな（『未定稿』明治四十年六月二十八日「団扇」）

俳画帖の成立は不明ながら、句そのものは明治四十年から昭和二年にかけてのもので、俳画にかないそうな句を作品から抜き出して書入れたのであろうか。互いに相談しないで製作したのかどうか判断はできないものの、風人が池田に住むようになって以降のことではあろう。小林はこのように地元の文人との交流も大切にしており、ほかにも青木月斗や絵師の樫野南陽などの作品も支援しながら自らも句を詠み、絵をしたためるという参加の楽しみをしていた。

「三好風人俳画帖」

八　果てなき文化への希求

1　翻訳小説の試み「五十年の昔を顧みて」

小林一三が経済界だけではなく直接政治にも関与するようになるのは、昭和十五年七月二十二日の第二次近衛内閣における商工大臣の任命によってであり、翌月にはすぐさま蘭領印度特派使節として派遣され、その折の体験談を出版もしている（『蘭印より帰りて』）。その後、企画院による経済体制案への反対もあり翌年の四月四日には大臣を辞任、五月には「大臣落第記」（「中央公論」）を発表して自己の正当性の主張もする。二度目は昭和二十年十月三十日に幣原内閣の国務大臣、十一月には戦災復興院総裁に任ぜられたが、翌年の三月には公職追放となり、以後は吉田茂からの公職就任への懇請などもありはしたが、すっかり政治とは関係を絶つようになる。

この後公職解除にいたるまでの五年余、小林一三は政治の世界を払拭して趣味の世界に没頭できたとはいえ、混乱期に自ら手掛けた各種の企業の現況に介入することもできず、新しい企画のひらめきが生じるたびに乗り出せないまま焦燥の思いに駆られたことであろう。小説は『曾根崎艶話』

を補綴して風俗の資料として世に出し、社会への提言や思いは活字による自己主張で自らを慰めることができた。政治を離れたとはいえ、ただこれからの日本はどうあるべきか、国際社会における平和国家としての将来像などへの思いが溢れ、胸中に収めきれないまま表現の方法として夢物語を書くことにした。

自分でも小説と呼んでよいのかどうか判断することもなく、二百字詰め原稿用紙三十一枚、手を加え削除など残ったままの未定稿ながら、一編の架空の作品を書き上げた。表紙には「五十年の昔を顧みて」とし、「ＡＢＣ氏原作　無名氏訳」と、まずは一目で偽作と判明する書き方、さらに「ＡＢはストン氏原作、誰南台訳」とし、「ストン氏」はともかく、「誰なんだい」と問いかけるような訳者名は尋常ではないため、消すことにする。さらに「天野大吉様（二月廿八日夜）」と宛先を書き、末尾にも同じ日付を書き入れる。「天野大吉」も仮名、内容は答申のようにし、当時文部大臣の天野貞祐を意図した。さらに左下に「無名子デイケナケレバ、小林逸翁訳（コレモ困るが）、可然御頼みいたし升」と訳者を明かしたとはいえ、所詮は架空の内容だけに翻訳の形式にして今の考えを綴ることにした。このような思いで小林は書いたのだろうが、発表はしないままになってしまった。

「日本には喜字のお祝といって、七十七の老齢を迎えると、長命の寿を祝う習慣が、今も尚保存されているという話だ」として始まり、かつて戦後から講和条約が結ばれる以前の五年間、アメリカの新聞記者として日本に駐在した人物が語りとして登場する。当時は帝国ホテルに仮住まいし、戦後の混乱する日本での政治動向を注視していたことが明らかにされる。七十七歳になった年、戦後五十年目の日本を見物しようと、妻と息子、娘の家族四人で三月三日の夕刻の飛行機で羽田着、パンアメリカ葵ホテルに入るまでの道筋の発展に驚きの思いと、荒廃していた東京の姿とを重ねて懐旧の思いに耽る。

敗戦とともに特派員として日本に派遣されたのは昭和二十年、当時記者は二十七歳、五年間の取材生活をして帰国、今年は五十年目の七十七歳とするので、日本を再訪した年は二〇〇五年（平成十七年）となり、小林一三は一九五七年（昭和三十二年）に八十四歳で亡くなっているため、かなり後の作品世界を描いたことになる。

記者が滞在中、日本は戦争放棄にともない永久中立国として文化国家を目指すにあたり、単独講和か全面講和かで激しい論議がなされていた。その中でも文部大臣であり大学の学長でもあった安倍能成を中心とする学者たちは全面講和による永世中立国家論を発表し、それをめぐっての強硬な反対論など、まさに紛議のまっただなか、記者はアメリカとの単独講和を支持しながらも、結末を見ることなく帰国したというのである。それと政治的な問題よりも、むしろ日本の千数百年の文化に関心を持ち、それは侮るべきものではないと認識したともする。具体的には日本美術の分野で、そこには蒔絵、漆器、甲冑、浮世絵、陶磁器、茶道具があり、その高雅な美しさに心引かれたという。日本国内で沸騰していた政治的な判断は、結果としてサンフランシスコ講和条約となり、昭和二十六年に調印され、翌年の四月二十八日から発効したことは歴史的な事実である。

ただ、占領後になかば日本に押しつけた男女の交際方法の考えはいささか行き過ぎがあり、その結果に生じた悲喜劇が新聞記事を埋める結果になってしまった。むしろ日本の長い歴史によって生まれた芸術、文化の伝統についてアメリカはもっと考慮すべきであったし、そこから学んだことは感謝すべきである。戦後ほどなく日本を訪れた折に知り合いになった、自分と同じく今年喜寿となる方（小林一三をモデルとする）から連絡があり、民主主義国家として立派に成人した現在の姿を見物して来遊していただきたき、ともに祝おうとの勧誘状が届く。家族で大阪まで出かけるというのであろうか、同い年だけに再会して旧交を温め祝杯をあげることにしたのだが、その前にひとまず江戸城見物を果たしてから、というところでこの小説は閉じられる。

喜寿の齢を迎えて家族で五十年ぶりに日本を訪れたというアメリカ人の元新聞記者は、かつて講和条約の単独か全面かの賛否で沸騰していた日本を離れて帰国し、喜寿の祝いもあって日本を再訪することになった。彼は戦後の混乱した日本に五年間滞在したに過ぎなかったものの、日本の文化や芸術に心酔し、その復興ぶりも見たいとの思いによる再訪である。かつて知り合いになっていた一人の日本人、彼も今では政治から離れて書画骨董に心奪われ、日本の伝統文化に傾倒しているだけに、再会して同じく喜寿を祝おうと大阪へ訪れることを勧めてくれている。

ただ、ここに年代のトリックがあるのだが、アメリカの記者が帰国したのは二十七歳の昭和二十五年、その年に小林一三は七十七歳の喜寿になっていた。五十年後、アメリカの元記者は七十七歳となり、小林は時を越えて七十七歳のままという設定が前提となっている。架空の若いアメリカ記者を創出し、七十七歳となった今の自分は時間を止め、相手だけ五十年を加えて新生日本で出会うという架空物語を想像したのだといえよう。相手のアメリカ人も、小林の姿の投影によって生み出された存在ではある。

当時講和条約の調印が社会的にも大きな論議になっており、小林自身も日記にはどのように対応すべきか考えを縷々と述べていく。当時はまだ公職追放の身だけに、政治的な問題について直接公表するのもためらわれ、架空の新聞記者を創出し、しかもそれから五十年後の日本を思い描くことにしたのであろう。

小林は昭和十五年には近衛内閣の商工大臣、昭和二十年には幣原内閣の国務大臣と戦災復興院総裁の任に就き、二十一年三月に公職追放、解除されるまでに五年余を経過する。アメリカの記者が政治よりも日本の伝統文化や美術に関心を持つようになったとするのは、小林自らの姿といってよく、現実の姿として解除後は企業経営の新たな展開とともにますます演劇、映画、美術の世界へと沈潜していくことになる。

この翻訳形式の一文は小説の範疇に入れるべきか、その後陸続と執筆していく一連の社会への提言とか随筆と同一として処理すべきかは悩むところだが、基本的に異なるのは虚構という方法を用いていることである。しかも昭和二十五年に七十七歳であった身から五十年後となると生存は考えていなかったはずで、いわば空想物語として夢のような思いで日本の姿を描いたのであろう。講和条約もまだ方針も決まらず、社会に率先して乗り出すこともはばかられ、解除後のさまざまな構想を描きながら、現実には美術の世界や茶道に没頭して鬱々としながら、その発露として評論を翻訳小説に仕立てたのがこの作品であったのではないかと思う。

2 鶏鳴への思い

小林一三は昭和三十二年一月に八十四歳の年を迎えた。前年暮の十二月二十八日には新宿コマ劇場竣工の開場式、翌日の夜は東宝年忘れパーティーに出席し、池部良と森繁久彌に強く勧められて「私の夢」を語り、ホテルに戻ったのは十一時半、二十日に上京して以来連日追い回されるような日々だっただけにすっかり疲れてしまう。十二月三十日に大阪にも戻るとすぐさま劇場や映画館の営業報告を聞き、書類の山積に閉口しながら、やっと平穏な正月を迎える。三日が誕生日、その前日に次のような俳句を詠み日記に書きつけた。

七返る酉《とり》の高鳴く初日かな
鶏鳴暁を告げて七返る御慶かな
七返る酉の高なく大空に
七返る酉の羽音の大空に
初鶏や七返る日の元旦や
　今日は酉の日酉の年を祝ふ

句碑「鶏鳴暁を破つて七返る初日出かな」

小林が生まれたのは明治六年酉年の一月、昭和三十二年も酉年、しかも一日は酉の日であっただけに、七度目の酉を数えるというめでたい年の廻りあわせである。雪国の韮崎で生まれた日、酉の鳴くように元気な産声を上げたはずで、今年も老の身ながら高鳴く思いであったであろう。まだやりかけの仕事も多く、ともかく事業など順調に推移しているとはいえ、東京の病院に入院している長男富佐雄の病状だけ気がかりであった。

酉の句の後に「今日は酉の日」とするのは、正月の早朝にさわやかな思いもあり、この一年もさらに大きく羽ばたこうと詠じたのであろう。日記の一日には「晴」とし、「好天気、十四度の温さ」としているため、大空に昇る「初日」を拝みもしたはずである。自らこの句作は喜ばしく思ったのか、人から求められると、初稿から一部語句を変えて短冊には「鶏鳴暁を破つて七返る初日出かな」と揮毫する。かつての住まいの雅俗山荘前庭（現在の小林一三記念館）にはこの句が自然石に刻まれる。

八十四歳になったとはいえ小林の身を休めてくれることはなく、気にかかることも多々あり、落ち着くわけにはいかなかった。新宿コマ劇場よりも一カ月早く、梅田コマ劇場はオープンしているため、一月四日には視察に出かけ、七日は東宝大阪支社に出勤、八日は宝塚歌劇の花組公演、十日も東宝支社に出かけるという精勤ぶり、その後日々の記述は簡略になりながら十九日でとどまってしまう。小林一三がその生涯を終えたのは、二十五日の深夜近くであった。

3　最後の茶会の夢

小林一三の生涯を語るのは容易ではなく、阪急電鉄を始め、沿線開発による新しい都市生活の提案、宝塚歌劇、阪急百貨店、東京宝塚から東宝映画への発足、その他各地のホテル、帝劇等数多くの劇場運営、新宿コマ劇場、梅田コマ劇場の新しい劇場の創立など、数えていけば限りない各種の企業活動はとても詳述できないだけではなく、文化人としても多様な分野に身を入れてきただけに、その一部として本書にはほとんど知られてこなかった小説や俳句をとりあげ、演劇や映画、美術史までには及ばなかった。すべてを対象としていくと、小林一三像そのものの輪郭がぼやけかねないことにもよる。

そうであっても漏らすことができないのは茶道の分野で、薬師寺会、芦葉会、北摂丼会などと自ら主宰した茶会も多く、『新茶道』（昭和二十六年、文芸春秋新社）、『大乗茶道記』（昭和五十一年、浪速社）の著作も残すなど、独自の考えを持っていた。

一月二十五日に逝去する直前の二十日に丼茶会、続く二十六日には芦葉会を計画し、その陣立てを考え、具体的な道具の用意も進めていた。この日は薄茶会、芦葉会の百八十三回目で、一枚の書き付けによると、二月十日に加藤義一郎宅で催す「茶碗研究会」に出す作品も考えていた。

一月二十六日　芦葉会

小床　蕪村短冊、鶯のあちこちするや小家がち

床　玉堂　富士山の絵　大横もの

花器　斑唐津大花瓶

釜　与次郎筋釜

風呂先　独楽銀無地

棚　遠州棚　水指　交趾法花

　　水指

茶碗　織部筒

替　雲鶴茶碗

替　乾山　梅の絵（蓋茶碗）

茶器　竹彫鶯梅

茶杓　松華堂 銘玉箒

蓋置　保全　青竹輪

菓子器　嘉靖染付雲鶴　食籠

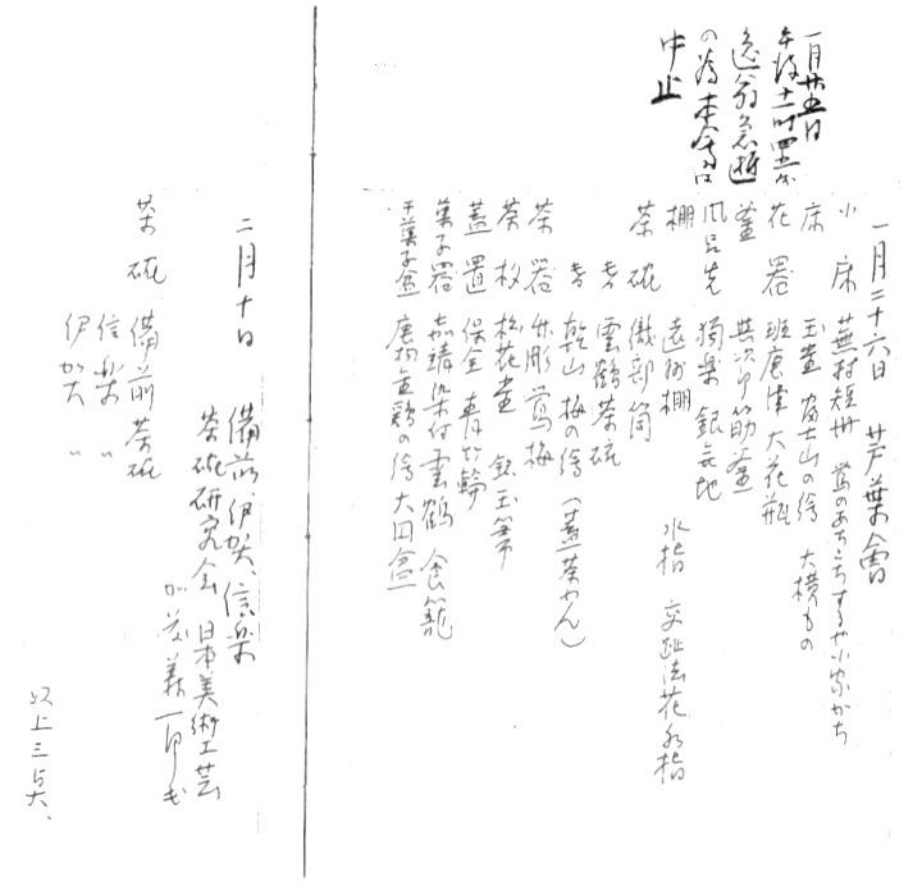

芦葉会記草稿

菓子盆　唐物金鶏の絵　大円盆

まずは新春らしい蕪村の短冊、それと川合玉堂の「富士の図」を掛ける。玉堂とは若い頃から親しくしている同じ年の生まれ、しかもこの年の六月三十日に亡くなっているという、不思議な因縁も持つ仲である。富士に白い雪を頂いた絵、それは凛として新しい年を迎えたさわやかさと緊張のみなぎった思いがすることであろう。千利休のもとで修業した釜師の与次郎の釜、棚は遠州好み、一般に濃茶は陶器、薄茶は木製を用いるのだか、この日は竹根に梅と鶯が彫られ、茶碗も梅とある。『古今集』（春一、春上、読み人知らず）の、

梅が枝に来ゐる鶯春かけて鳴けどもいまだ雪は降りつつ

として知られる図柄で、玉堂の富士の雪と響きあい、大地に根を下ろす竹、そこから新しい芽を出していくだけに長寿と健康を秘め、これまた永楽保全の青い蓋置と対になる。松花堂昭乗の「玉箒」は、よく知られた、

初春の初子の今日の玉箒手にとるからに揺らぐ玉の緒
（『万葉集』巻二十、大伴家持）

の歌に由来するなど、品々を注意深く見ていくと春をこと

川合玉堂画「富士山」

ほぐ意図を込める。

客はこれらを見て小林のこの日のためにと一つ一つの品に凝った趣向を読み解き、茶を味わいながら会話がはずむはずで、その場面を想像しながら、一人一人の顔を思い浮かべて楽しみにしていたに違いない。

ただ無念なことながら、この陣立は実現することもないままとなってしまった。新年に「鶏鳴」を聞いて大空に飛翔する思いを描き、雅やかな茶の世界に身を置き、さらに果てしない夢をたぐり寄せようと歩み続けたのが小林一三の生き方でもあったといえよう。

4　演劇映画、そして宝塚歌劇への果てなき夢

小林一三が晩年に強い思いを託していた一つに、新しい劇場空間の創出とそこでの演劇にあった。亡くなる前年の十一月から十二月にあいついで竣工した梅田コマ・スタジアムと新宿コマ・スタジアムがそれである。十二月二十九日の夜、東宝のパーティーに出席すると盛況をきわめ、「池部と森繁両君に強要されて一場の私の夢を語る」と、池部良、森繁久彌に強く勧められて自分の夢を語ったという。どのような映画への夢を吐露したのであろうか。翌日に帰阪して新年を迎え、「鶏鳴」の句を詠み、茶会の準備をしながらもこの世から離れざるを得なくなった。

「私が此境内にその第一歩を踏み入れたのは明治廿一年の正月十六歳の春であった」（『私の人生

観』）と回想するように、満で十五歳の一月十三日に上京してすぐさま浅草を訪れ、「只だテント張り、むしろ張りの所謂見せもの小舎に、アングリ口を開いて舞台に見とれて居た田舎漢の少年として、プカプカドンドンにあこがれて引ずられて、三、四日引つづき見物に来て、低い桟敷のむしろの上に坐って独りシクシクと泣いていたのである」とし、さらに後年になっても「プカプカドンドンに接すると、暫く瞑目、にじみ出る涙をソッと押えている快感を忘れることは出来ないのである」と回想する。この大衆演劇へのあこがれ、これが映画演劇の小林の思いの原点でもあった。

昭和二十年七月三日に宝塚映画劇場で久松一声の三回忌の法要が催され、発足時からかかわってきた翁について小林一三は、「大正三年此湯の町温泉の余興として生まれた、『たゞで見られる宝塚少女歌劇』が此広告の如く入浴者客引の一ツの手段」であったと、以下長い回顧談をしていく。明治四十三年に梅田から宝塚までの電車の開通にあわせ、乗客増を図って沿線に住宅地を開発し、支線の箕面には動物園も開園する。翌年の五月には宝塚新温泉の営業を始め、大正元年七月には室内プールを併設した新館パラダイスを開設する。「洋風のトテモ高壮華麗な其当時は確かに日本一のプールを造つたものである」と、当時有名であった大阪堺の浜寺海水浴場に対抗する意図もあっての発足であった。

ところが大失敗。此プールは盛夏の間でも冷水で日光が直射しない屋内であつたから、つめたくて、寒くて五分間以上は遊泳が出来ない。

新しい名所にしようとのもくろみは失敗に終り、夏期だけでもと試みてはみたものの評判の悪さ

宝塚少女歌劇の第１回公演『ドンブラコ』（1914年４月１日）

に継続を断念してしまう。

そこからが小林一三の発想の豊かさと大胆さとで、翌年の大正二年七月には十六名の少女からなる宝塚唱歌隊を組織して歌と踊りの練習をし、大正三年四月から舞台に立てて第一回の公演を催したのである。これが宝塚歌劇の出発で、今日まですでに百年を越える齢を数えることになった。

そこで、此プールを利用して脱衣場を舞台に、水槽を客席に改造して、客席三、四百人の小劇場をつくる。何を興行したものかと思案の結果、東京三越百貨店に少年音楽隊が好評であったから、それを真似て、少女音楽隊をつくろう、と心積りで研究してゐる間に、帝劇に於けるローシーの歌劇「熊野」清水金太郎、三浦環等男女本格的のオペラを見物して、コレコソ将来、ものになるという信念を持つて積極的に進出を計画した。

これがいわゆる宝塚少女歌劇、その後の宝塚歌劇の発足で、この通りに運んだのかどうかはともかく、新温泉の余興として無料で観劇できる少女歌劇の公演に踏み出し、その第一回が「ドンブラコ」という桃太郎の物語であった。思いのほか評判を呼び、入場料を徴取し、独立した劇場の建設へと進むことになる。

小林一三は宝塚少女歌劇を東京でも上演したいとの夢をいだき、大正七年五月に帝国劇場において実現する。さらに東京でも常設館を持ちたいとの強い思いにより、昭和九年一月に東京宝塚劇場を有楽町に竣工、ただ戦中戦後は小林の願うような上演もできないまま推移する苦難の時代もあった。東京宝塚劇場は少女歌劇を基本とし、あわせて男女による東宝劇団も生まれ、昭和九年九月には劇場五階に東宝小劇団の開設にいたる。やがてこれらの基盤のもとに東宝映画株式会社が昭和十二年九月に創設する運びとなり、小林は相談役に就任するとともに、日比谷劇場の建設、日本劇場、帝国劇場も傘下に収め、演劇映画の一大産業組織を形成していったのである。

これだけで小林は満足することなく、大正八年に宝塚国民座、昭和二十五年には宝塚新芸座の発足、自ら描く理想とする演劇の具現化をめざしていく。また、戦後における東宝映画の混乱もあり、昭和二十六には宝塚映画、翌年には東京映画を設立して映画の製作に乗り出す。宝塚映画では「鞍馬天狗」や「右衛門捕物帖」といった娯楽映画とともに、小津安二郎「小早川家の秋」、成瀬巳喜男「放浪記」等も生まれ、存在感を持つにいたるものの、やがて東京映画とともに東宝との統合に向かっていく。

小林一三の知的冒険は少しも立ち止まることなく、新たな展開を求め、実現に向かって歩み続けていった。東宝のパーティーではどのような「夢」を語ったのであろうか、新たな挑戦を描いていたに違いない。少年の目と耳に焼きついたプカプカドンドンは、生涯を貫く原動力となり、励まされるように生き続けたことであろう。

あとがき

小林一三という名を知ったのは、東京から大阪の北摂に住み、阪急電車に乗るようになってからだと思う。ただそれ以上のことはなく、阪急百貨店を利用し、子供のころから東宝映画に親しみ、宝塚歌劇の存在は知ってはいても、それ以上のことはなかった。思いがけなくも阪急文化財団に身を置くようになり、作家や評論家による小林一三の数多くの伝記や評伝類を読み、『小林一三日記』や『小林一三全集』『逸翁自叙伝』を目にし、才覚溢れた電鉄会社の運営、企業経営から演劇映画への姿とともに、いずれも一人の人間によって生み出されたと教えられるにつけ、ただ遠い存在として驚嘆するばかりであった。

数年前、たまたま未整理の資料に埋もれていた小冊子が目に入り、興味本位に読んでいくと、十五歳の少年が韮崎から上京した道程と学生生活とを記した内容と分かり、関連して多様な資料にも出くわした。育てられた祖母フサを敬慕し、生まれた子供に感謝の念から富佐雄とつけたなどと、人間の機微に触れた心や人情にあふれた数々の言辞も知った。企業経営の厳しさのかたわら俳句を嗜み、小説を書き、新しい生き方を模索する姿、これまでの小林一三とは異なる人間が立ち現われてくる。従来とは異なる、文化的な世界に生きた人間小林一三伝を書いてみようと思うにいたった

のである。
本書をまとめるにあたっては、小林家のご理解と阪急文化財団の資料の提供に感謝するとともに、五十年来の畏友の作家であった、山頭火を世に出した故村上護君とかかわりの深い本阿弥書店から出版することを喜びに思い、編集に携わっていただいた田中利夫、黒部隆洋氏に敬意を表したい。

二〇一五年五月

伊井　春樹

著者紹介

伊井春樹（いい・はるき）

1941年生　広島大学大学院博士課程修了　文学博士
大阪大学大学院教授、人間文化研究機構国文学研究資料館館長を経て、現在は大阪大学名誉教授、愛媛県歴史文化博物館名誉館長、公益財団法人阪急文化財団（逸翁美術館・池田文庫・小林一三記念館）理事・館長
編著書『明治俳句短冊集成』（講談社）、『源氏物語注釈史の研究』（桜楓社）、『合武三島流戦船要法—村上水軍船戦秘伝』（教育社）、『源氏物語の謎』（三省堂）、『成尋の入宋とその生涯』（吉川弘文館）、『源氏物語注釈書・享受史事典』（東京堂出版）、『井泉水日記』（筑摩書房）、『ゴードン・スミスの見た明治の日本』（角川学芸出版）、『源氏物語を読み解く100問』（NHK 出版）、『世界が読み解く日本』（学燈社）他多数。

小林一三の知的冒険
宝塚歌劇を生み出した男

平成二十七年六月三十日　第一刷
平成二十七年九月　九日　第二刷

著　者　伊井《いい》　春樹《はるき》
発行者　本阿弥秀雄
発行所　本阿弥《ほんあみ》書店
東京都千代田区猿楽町二—一—八　三恵ビル
〒一〇一—〇〇六四
電話　（〇三）三二九四—七〇六八（代）
振替　〇〇一〇〇—五—一六四四三〇
印刷・製本　日本ハイコム
定価はカバーに表示してあります。

ISBN978-4-7768-1180-0（2900）C0092　Printed in Japan